# あなたの常識間違いだらけ！
# 資産づくり見直しポイント

川淵ゆかり 著

セルバ出版

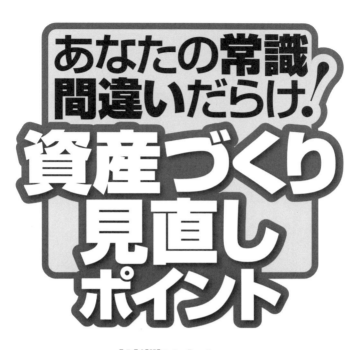

## はじめに

株価も上がり円安にもなって、お給料もたしかに上がっているはずなのに生活は全然楽にならない。それどころか、将来のお金に対する不安は日々増えるばかり・・・。

そんなことを感じていませんか。

バブルが弾けて二十数年。生活は楽になるどころか、ますます悪くなっているように感じます。なぜ生活は楽にならないのか。なぜ不安ばかり大きくなるのか。

その原因を分析していくと、今まで良かれと思って実践していたお金の常識に問題があるのではないか、と考えるようになりました。

円高・デフレ時代は終焉を迎え、円安・インフレ時代に突入しました。

少子高齢化が進むことで年金不安は大きくなる一方であり、人口減少は消費増税をはじめとする大増税時代への突入を予感させます。

しかし、多くの家庭の資産づくりや家計防衛の手段は、相変わらず超低金利での預貯金や節約を中心としたものであり、円安・インフレに時代が大きく変わった今、限界が来るのは目に見えています。

また、一方で、投資をしているつもりでも間違った運用法で損をしている人もいます。

どちらも円安・インフレ時代に合った方法に切り替えていけば、資産を守って殖やせるはずです。

「一億総中流」と言われた時代もありましたが、この言葉も死語となり、いまや「格差社会」と呼ばれるようになりました。また、「老後破綻」や「下流老人」という言葉も出てきて、最近では「下流中年」という言葉まで生まれました。

今の世の中、何が起こるかわかりません。

「勝ち組」だと思っていた人があっという間に「負け組」になってしまったり、老後の生活もままならなくなったりする世の中です。

逆に、今現在は「負け組」でも、やり方次第で「勝ち組」になる人もいるはずです。

今後、豊かな生活を送り続けるためには、お金の知識が必要です。

仕事上、多くの人の話を聞きますが、お金を活かしていない人、投資だと思って実は投資をしていない人、蓄えを大きく減らしてしまった人をたくさん見てきました。

どなたも「ほんのちょっとだけ」方法をまちがってしまっただけで、数十年後の生活が大きく変わってくるのです。

少子高齢化により、高齢者が増えていくほど少ない現役世代で多くの老人を支えていかないといけません。老人が増えると税収も減っていきます。

しかし、医療・介護の社会保障の支出は年々増えていくわけですから、今後も日本という国は、借金を減らすことのできない、増え続ける国なのです。

こういった厳しい国の中で、現役世代の人がお金を殖やしていくのは簡単ではありません。


「お金だけが人生ではない」という人もいらっしゃるでしょうが、これからも日本という高齢化の進む国で暮らしていくのでしたら、やはりある程度のお金は確保していかないといけません。

お金があれば、安心が生まれますし、人にも優しくなれます。ストレスも減りますし、笑顔のある家庭が築け、子どもも健やかに育ちます。

大きなお金はなくても、余裕のある生活や悠々自適の老後を過ごすことも可能です。


消費税率は上がれば生活はさらに苦しくなるだろう、自分たちが老後を迎える頃には年金は減っていくだろう、と予想していても、「なんとかなるだろう」と考えていては、老後破綻にまっしぐらです。国も会社もなんにもしてくれません。

国も会社も自らが生き伸びるのに必死な世の中です。私たち個人の家庭まで守ってはくれません。

国は破綻を引き伸ばすために増税などで家計の負担を増やしてきますし、会社も倒産しないようにリストラや給料カットを実行してきます。

「なんとかなるだろう」と呑気に構えていて、なんとかならないことに気が付いたときは、短期で儲けようとギャンブル性の高い商品に手を出したり、金融詐欺にあったりします。お金は宝くじのように一日では殖えません。時間をかけて殖やしていくものです。そのためには、少しでも早く正しいお金の知識を得て実行に移してほしいと思います。

川淵　ゆかり

２０１５年10月

## あなたの常識間違いだらけ！　資産づくり見直しポイント　目次

## 第3章　今の常識は間違いだらけ！　資産づくりの見直しポイント

## 第4章　これが正解！　これからの資産づくり



## 第5章　実践！　簡単！　資産づくりの具体例

# 第1章　あなたの家庭は富裕層に入るか？貧困層に入るか？

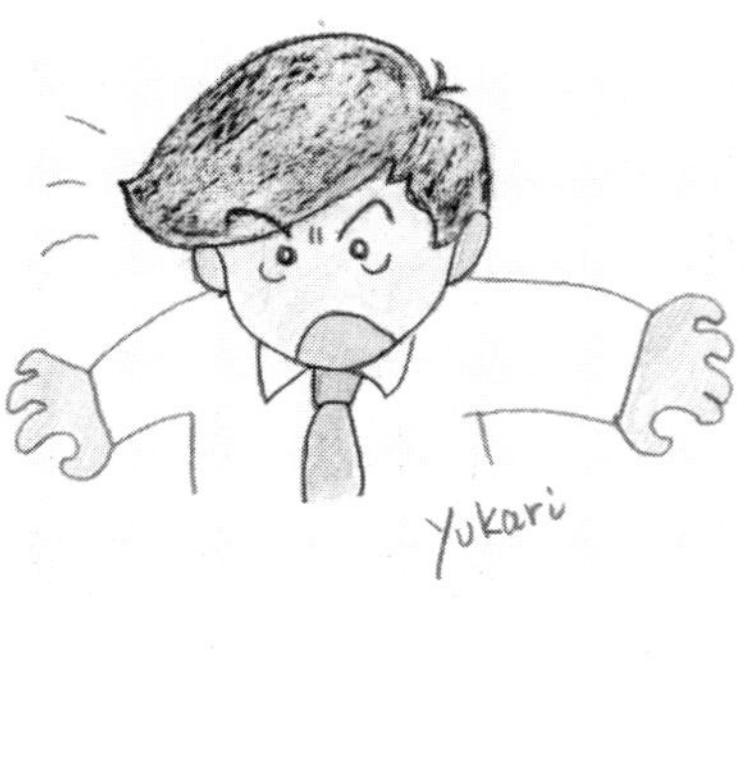

## 1　消費増税で格差が広がる

### 格差が広がる社会

「格差社会」という言葉があります。

主に経済面から富裕層と貧困層に二極化した社会を表しますが、１９６０~１９８０年代の日本の国民意識は「一億総中流」とも言われ、横並びな国民意識が広がっていました。

しかし、バブル期に突入すると、土地価格や株価の急上昇による資産格差が生まれ、バブルがはじけて以降は、リストラが進んだり非正規雇用者が増加したりしたことなどで所得格差が広がりました。

さて、消費税が２０１７年４月に８%から10%に引き上げることが決まりましたが、この消費増税も所得格差を広げます。

消費税は食料品等の生活必需品にまでかかってきますので、低所得者には負担が重くかかってきます。ですから、高齢者や低所得者の負担を少しでも軽くするためには軽減税率の設定が必要になります。

この消費税10%増税時の軽減の方法については、「お店のレジでは10%で徴収し、その後マイナンバーを使って還付させよう」といった、なんだかしち面倒臭い案も出て、すんなりと決まりませんでした。

８％に増税して以降、時間は十分あったのでレジで対応させる仕組みなど考えられたでしょうに、よくわからない案が出てきたことで、私は、「まだ本格的に軽減税率を導入する気はないんだな」と思ってしまったのです。「10％程度の消費税率ではまだまだ軽減税率は導入しないぞ」という考えがあることを感じたわけです。つまり、政府の頭の中はすでに次の消費増税に向かっているのではないかと。

日本は少子高齢化や人口減少はどんどん進んでいっているので、お金がかかる国です。消費税率が８％や10％では足りないことは簡単に想像できます。国としては少しでも税収を上げたいですから、できれば軽減税率は導入したくないところでしょう。

### 外国の消費税

それでは、他の国の消費税（付加価値税）と軽減税率はどうなっているかを見てみましょう（図表１）。日本に比べると税率が高いのがわかります。

消費税率が８％から10％になったとき、大きな負担を感じた方も多いと思いますが、海外から見ると、まだまだ低い税率だと思われているかもしれません。

海外情勢が悪化した場合、「円は安全な通貨」だという理由で、円が買われることで円高になることがあります。借金だらけの国の通貨がなぜ安全なのか不思議でしょうが、これは外国から見る

【図表1　主な外国の消費税（付加価値税）率（2015年1月現在）】

（%）

| 国　名 | 標準税率 | 標準税率 |
|---|---|---|
| イギリス | 20 | 0 |
| フランス | 20 | 5.5 |
| イタリア | 22 | 10 |
| ドイツ | 19 | 7 |
| オランダ | 21 | 6 |
| アイルランド | 23 | 0 |
| ポルトガル | 23 | 6 |
| スペイン | 21 | 10 |
| スイス | 8 | 2.5 |
| ノルウェー | 25 | 15 |
| スウェーデン | 25 | 12 |
| デンマーク | 25 | 25 |
| オーストラリア | 10 | 0 |
| メキシコ | 16 | 0 |

と、消費税率にまだまだ上げられる余裕があると思われていることも理由の1つでもあります。

そうなると、将来は消費税率20～25％といった増税も十分考えられますし（段階を踏んで上げていくでしょうが）、消費税率が10％になった後、それほど時間をあけずに次の消費増税の話が出てくるのではないかと考えています。

どんなに景気が悪くなっても消費税率10％の消費増税は予定通り実施されるでしょうし、消費税率が20％台になるのもそれほど遠い将来ではないでしょう。

消費増税は格差を広げます。消費税が10％になる2017年4月以降はさらに格差は広がり、その後の消費増税の度に格差は広がっていくでしょう。

### 格差を縮める税金の代表「相続税」

「それなら格差を広げない税金の増税をすればいいじゃないか」と思われるかもしれませんね。

格差を縮める税金の代表は「相続税」です。資産家対象の税金ですからね。

ご存知の方もいらっしゃるでしょうが、これは、すでに２０１５年1月から増税となっています。相続税が課税されない基礎控除額が4割カット（定額控除分５０００万円は３０００万円に。法定相続人１人あたり１０００万円は６００万円に引き下げ）され、また税率も見直されることで、相続財産が大きいほど納税額が大きくなり、また、納税対象者も2倍に広がる予想です。

しかし、私は、この相続税も将来は増税がまたあるのではないか、と思っています。

理由は、不動産価格の下落です。今後、人口減少により土地価格などが下がってくると、思った以上に増税の効果が出なかった、ということになります。そうなると、再度相続税法の見直しが入ることはおかしくありませんし、相続税の増税は格差を縮める効果もあるので、低所得者からは喜ばれるでしょう。

贈与税も資産家対象の税金ですが、今後は増税があるかもしれませんが、こちらは住宅資金や教育資金などの非課税枠の大きな特例は内容が変わっても存続するのではないかと思います。

資産のある親世代から子世代に資金が渡ることで消費を促す効果があります。今の日本には、消費を拡大して景気を向上させることが非常に重要なため、利用できる方は、積極的に利用していただきたい制度です。

## 早い段階で老後まで見据えた資金計画を

日本が「大増税時代」に突入するのはまちがいありません。私たちが老後の生活を送る頃は、かなり高い税負担の中での生活を余儀なくされるでしょう。

近頃、テレビや新聞で話題になっているのが、戦後の財政悪化時に実施された「財産税」です。これも格差を縮める効果のある税法ですが、こういった税徴収も今後は行われないとは限りません。格差を縮める増税手段があったとしても、やはり消費増税の影響は大きく、今後もさらに格差は広がると予想されます。

消費税が増税されると将来に不安を感じ、消費が冷え込んで安全性の高い預貯金で蓄えを増やそうとします。

しかし、消費税は10％の増税だけでは終わらないと予想されますから、今後も消費増税の度に消費は冷え込み、景気の上昇にブレーキがかかってしまう状態が起こることになります。

各家庭でも消費増税の度に節約をしていたのではストレスも溜まってしまうでしょう。消費増税の対策がいつも節約だけというのもおかしな話です。消費増税は今後も何度も実施されると考えるのであれば、消費増税分のお金を殖やすように考えを変えるべきです。

私たちは今後も何十年も生きていかなくてはいけません。食べたいものや着たいものを我慢し続けるのは大変ですし、なにより子どもや孫に我慢させるのは可哀そうなことです。

経済的にも精神的にも余裕の持てるようなマネープランを考えていきましょう。

## 2　とうとう30％突破！　増え続ける貯蓄０の家庭

### ２人以上世帯の平均貯蓄額は１７９８万円

平成27年5月に総務省から発表された２０１４年の家計調査報告によると、２人以上世帯の平均貯蓄額は１７９８万円という驚くべき数字でした。

「え？　そんなに貯金ないよぉ」

「誰がそんなに持っているんだぁ？」

と、言う声が聞こえてきそうですが、これを勤労者世帯だけに絞ってみると、貯蓄の平均額は１２９０万円まで５００万円以上も下がってしまいます。

つまり、勤労者でない、すでにリタイアした世帯が多くの貯蓄をしているということになります。

なお、中には４０００万円以上の貯蓄のある人たちが11・1％もいるということなので、こういった人たちが平均貯蓄額を引き上げているものと思われます。

### 年代別平均貯蓄額と負債額

平均貯蓄額を年代別に負債額も併せてグラフにしたものが図表2です。

グラフを見ると、40代、50代、60代と進むにつれて負債の額が減り貯蓄額も増えていくように見

【図表２　世帯主の年齢階級別貯蓄・負債現在高、負債保有世帯の割合（２人以上の世帯）－ 2014 年】

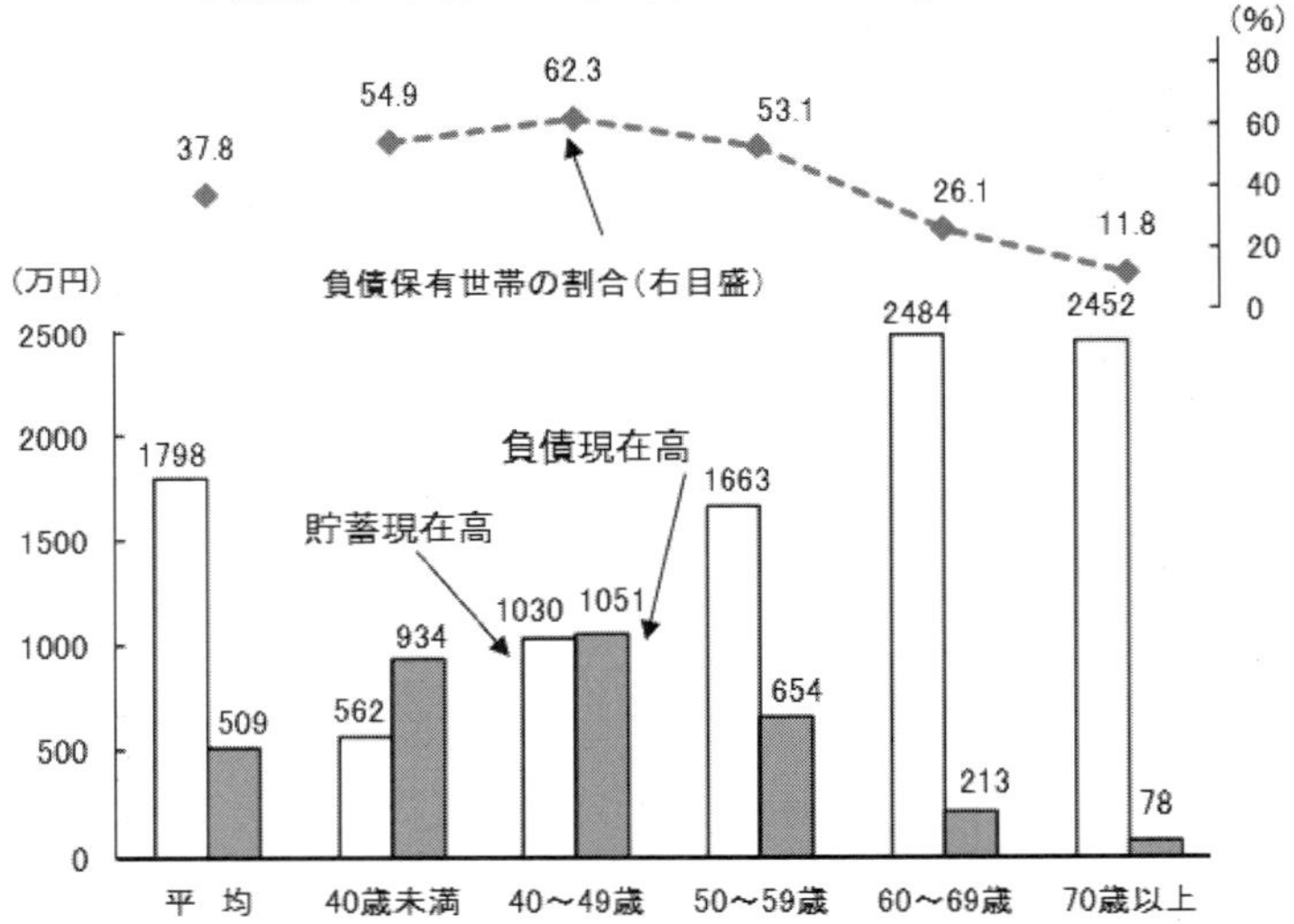


（総務省統計局　家計調査報告（貯蓄・負債編）平成 26 年平均結果速報より）

えますが、私たちの将来はそれほど甘くはありません。

**貯蓄０の家庭が３割**

驚くべきは次の資料（図表３）です。日本には貯蓄０の家庭が３割もいるのです。

90年代は10％前後程度だった貯蓄０の家庭ですが、バブルが弾けた後のいわゆる「失われた20年」の間に増え続け、とうとう２０１３年には31％と、貯蓄０の家庭は実に３割を超えてしまいました。

しかも、貯蓄０の家庭は、特定の年代に限られるわけではなく、全ての年代で３割前後を占めていることです。

気になるのは、アベノミクス後に、20代の他、60代や70代が右肩上がりで、増

## 【図表３　金融資産非保有世帯率（２人以上世帯）】

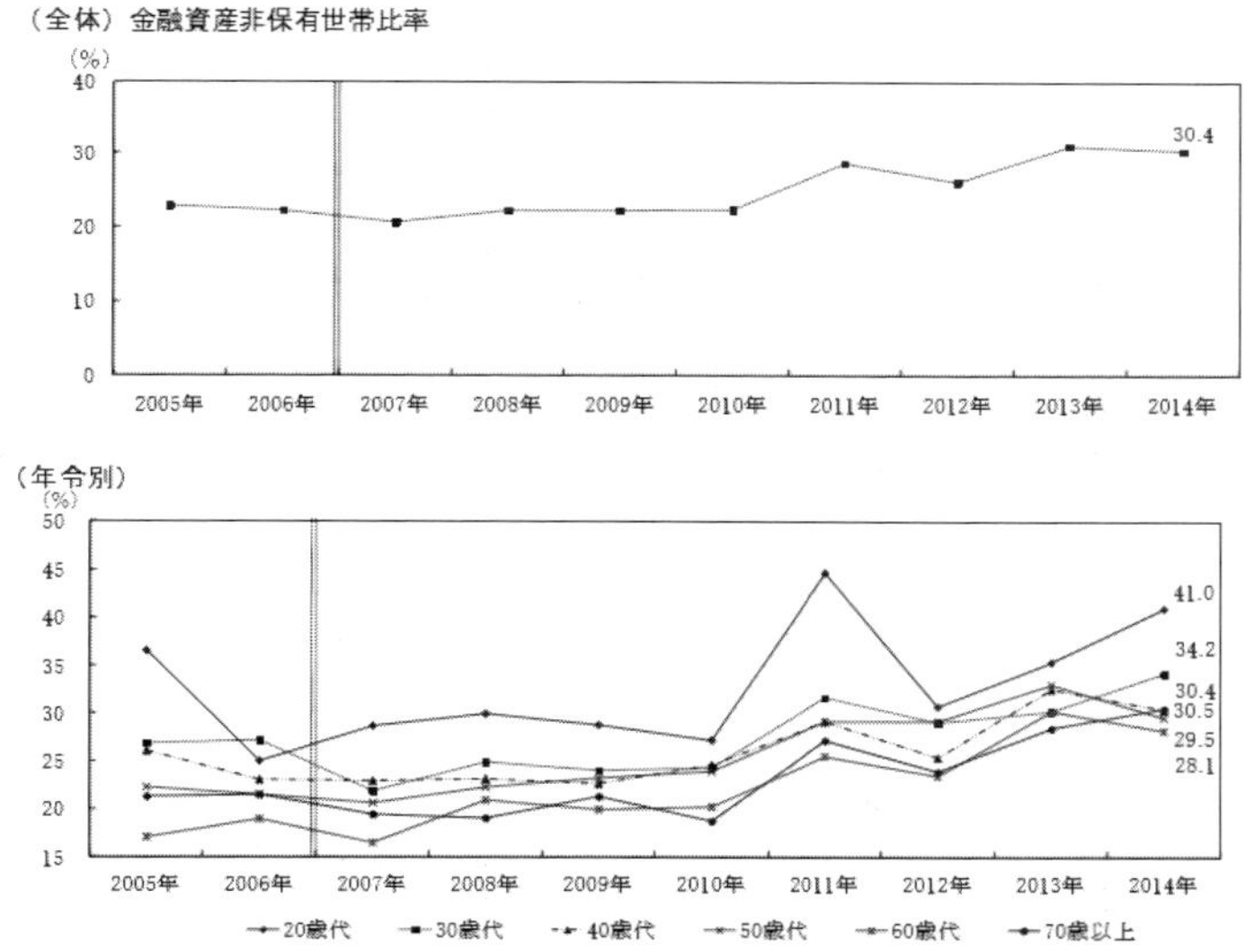


（金融広報中央委員会 「家計の金融行動に関する世論調査」2014年より）

加していることです。

日本ではお年寄りにお金持ちの多いイメージがありますが、ギリギリの生活を送っているお年寄りも確実に増えている、ということになります。

20年前には貯蓄0の家庭は1割前後だったことを考えると、現役世代のときはいくらか貯蓄があったお年寄りも、この20年の間に貯蓄がなくなってしまった方が2割もいることになります。

高度成長期やバブルのときには予想もしなかった昇給停止や突然のリストラ、会社の倒産といった収入の減少もあったでしょうし、こういった収入減から住宅ローンの支払いが苦しくなったり子どもの大学資金等の教育費の支払いがキツくなったり、ということに繋がって貯蓄を使い果たし老後資金の準備ができなかった方も多いと思います。

**少子高齢化**

つまり、現在貯蓄のある家庭でも、将来は貯蓄のなくなってしまう可能性を持っているわけです。しかも、この貯蓄0の家庭は今後もさらに増え続けるだけの問題を日本は抱えているのです。それは、「少子高齢化」です。

総務省が2014年9月に発表した推計人口によると、65歳以上の高齢者が日本の人口に占める割合は初めて4人に1人となり、75歳以上については8人に1人の割合となりました。

さらに厚生労働省の調査では、2014年の日本人の平均寿命は男性80・50歳、女性86・83歳で、男女とも伸び続けています。

国の高齢者に対する年金や介護・医療の負担は大きくなり、それは現役世代に対しての保険料の更なるアップや将来の公的年金の減額など大きな制度の見直しに繋がってくることは間違いないと思われます。

**今後増えていくのは介護離職・転職による収入の減少**

また、考えられるのは、バブルが弾けたあとはリストラや倒産による収入の減少が増えましたが、今後増えていくと予想されるのは介護離職・転職による収入の減少です。

【図表４　介護・看護を理由に離職・転職した人数】

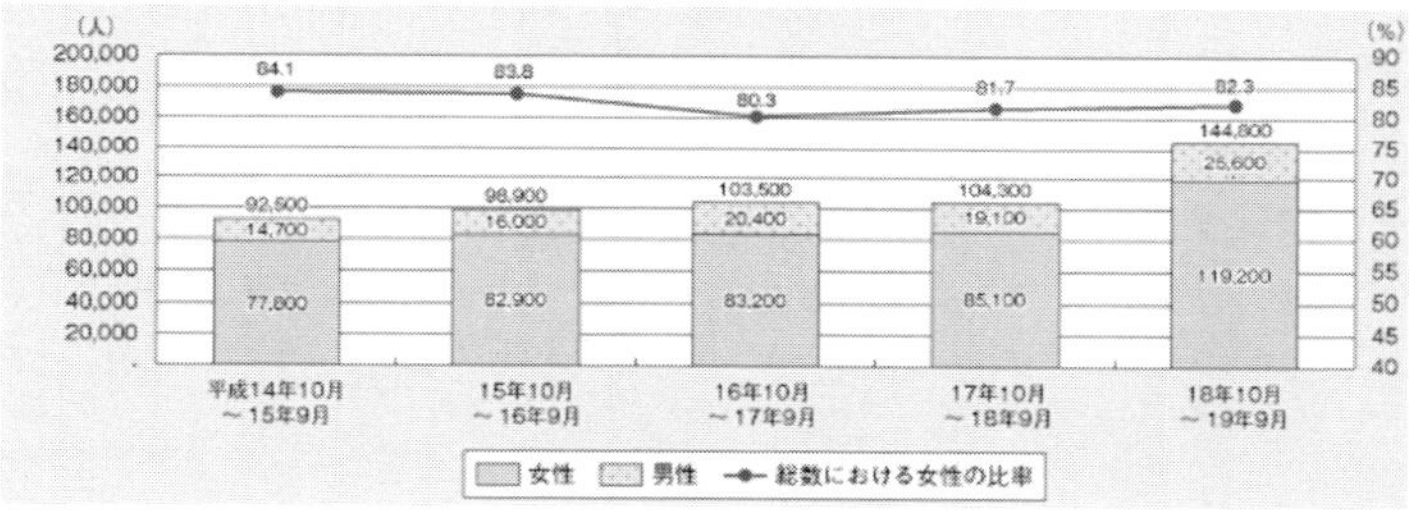


【図表５　介護・看護を理由に離職・転職した人の年齢構成割合】
（平成 19 年 10 月～ 24 年９月に離職・転職した人）

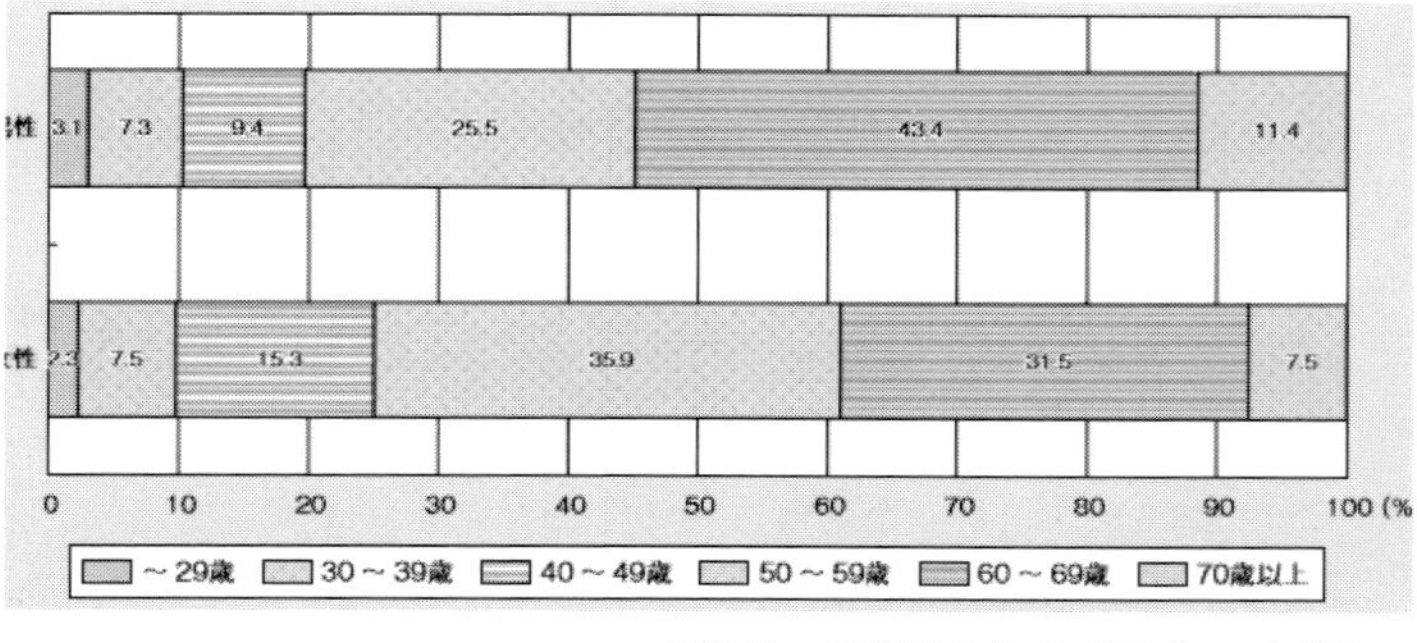


内閣府　高齢社会白書（平成 27 年版）

図表4のグラフは、介護や看護のために離職・転職した人数の推移と年齢構成割合（図表5）です。男女とも50代を中心に割合が大きくなっていますが、50代というと、住宅ローンが残っていたり子どもの教育費が大きくかかったり、家庭によっては支出が大きい時期になります。

また、この時期は老後資金をつくっていく非常に重要な時期でもあります。

この時期に離職や転職による収入減は大きな痛手となります。

## 介護保険の利用者は増えている

介護認定者の増加により、施設入居のハードルは上がるため自宅介護の割合が増え、これに伴い「仕事をしたくてもできない」という方が増えていくのではないでしょうか。

介護保険の利用者は毎年5％ずつ増えています。

団塊の世代が75歳となる２０２５年には、利用者は現在の1・3倍の６５７万人になる見込みです。介護は他人事ではなくなってきています。

現に私も自宅での母親の介護を10年近くしてきましたが、仕事は制限され最後は体調を崩してしまう、といった事態にまでなりました。

介護はいつまで続くか先が見えません。

毎月かかる介護費用が年金額以内に収まればいいのですが、将来は「年金額の減額」「介護費用の増加」も十分に考えられます。

両親や配偶者の介護をどうするか、元気なうちに話し合っておくとともに、将来のために資産を殖やす知識が今まで以上に必要になります。

また、ご両親が元気なうちに保険の見直しをしてあげてください。入院保障が終身タイプでなかったり、がん保険等三大疾病の条件が厳しかったりする場合があります。

長い人生、予想もしなかったことが起こってきます。

ゆとりある人生を送るためにも、今後はさらにお金の勉強が必要になってきます。

## 貯蓄０の家庭はまだまだ増える

日本は少子高齢化や人口減少といった大問題を抱えているために、今後も景気は簡単には回復しないと考えています。高齢者の割合も年々増加する一方なので、財政赤字も膨らむ一方です。貯蓄０の家庭は減少するどころか増える一方でしょう。

２０１１年以降、貿易収支は赤字に転じていますし、もし経常収支までも赤字に転じてしまったら円の価値は暴落してしまいます。もし、円の価値が暴落したら、円だけで資産を持っている人はたまったものではありません。一気に資産をなくしてしまう危険性があります。そうなると貯蓄０の家庭は急増します。

「円」はいつまでも安全資産ではなく、危険資産になることも十分ありえるのです。

## 3　年金も退職金もアテにできない日本の将来

### 老後の二大柱が大きく揺らいだら

公的年金と退職金といえば老後の二大柱です。

しかし、この二大柱が大きく揺らいだとしたら、私たちの老後の生活はどうなるのでしょうか。

総務省が２０１４年９月14日に発表した人口推計によると、

・８人に１人が75歳以上（１５９０万人）

・４人に１人が65歳以上（３２９６万人）

と、過去最多の高齢者人口となりました。

しかし、２１０５年４月現在の日本人人口（確定値）のほうは、１億２５２７万５０００人で、前年同月に比べ27万人の減少（▲０・２２％）となっています。

今後も人口減少＋高齢化は進んでいくことは間違いありませんし、今後も国の財政や私たちの家計をさらに苦しめていく大きな要因です。

### 公的年金の行方

そこで気になるのが、公的年金の行方です。

現在、年金の保険料率が毎年アップしているのはご存知でしょうか。

厚生年金の保険料は、２００４年（平成16年）の政府の年金改革で、同年から毎年９月に０・３５４％ずつ引き上げられ、２０１７年（平成29年）以降は18・３％で固定されることとなっています（「保険料水準固定方式」）。（※厚生年金の保険料は労使折半です）

国民年金の保険料も、厚生年金と同じように２００５年４月から毎年２８０円ずつ引き上げられ、２０１７年（平成29年）以降は月額１万６９００円とすることとなっています（実際はこの金額に毎年度賃金変動率が加味されます）。

どちらも２０１７年以降は固定ということになっています。ですが、これをこのまま信じられる状況では当然なくなってきています。

２００４年に年金改革をしているにもかかわらず、この10年間で少子高齢化の問題は解決の見えない状態なのですから、更なる大きな年金改革案が今後数年で出てくることは間違いないでしょう。

次は、僅かな保険料のアップだけではすまないような大きな年金改正となるのではないか、と考えます。

今までは「真綿で首を絞めていく」レベルだったのが、今後は「はっきりとわかるくらい強めに絞められる」くらいの年金改革にならないと間に合わないような気がします。

多くの方が不安を感じているように、私たちが年金を受給する時代には、現在よりもかなり大幅に減額される老後生活が強いられてくるでしょう。

およそ10年後には、第一次ベビーブーム世代（現在65歳前後）が後期高齢者（75歳前後）となります。つまりは、後期高齢者の人口割合が一気に増えてくるのです。

我が国は、年金問題だけではなく医療費、介護費などの負担もさらに大きくなってくる大きなリスクを抱えた国だということを再度認識する必要があります。

今後10年間で増え続ける負担に各家庭でも対策を取っておく必要があります。

## 退職金は減っていく

次に、退職金はどうでしょうか。

「大学を卒業して、40年以上も勤めるんだから、１５００～２０００万円くらいはもらえるんじゃないの？」

今、30代、40代の方は、現在退職している60代の方の退職金を参考にしては絶対にいけません。

しかも、中小企業は、現在でもかなり厳しい状況です。

「65歳まで雇用延長されたからその分、退職金も増えるだろう」と思うのは大間違いです。

日本の企業の99％以上は中小企業ですから、中小企業の例で見てみましょう。

東京都内の従業員３００人未満の中小企業を対象とした東京都産業労働局の『中小企業の賃金・退職金事情』の平成26年版を見ると、定年退職者の退職金は平均１０００万円を多少超える程度しかありません。

【図表６　平成 14 年以降の定年退職者の退職金の推移】

| | H14 | H16 | H18 | H20 | H22 | H24 | H26 |
|---|---|---|---|---|---|---|---|
| 高校卒 | 1,214 万円 | 1,188 万円 | 1,048 万円 | 1,130 万円 | 1,150 万円 | 1,113 万円 | 1,219 万円 |
| 高専・短大卒 | 1,270 万円 | 1,278 万円 | 1,036 万円 | 1,168 万円 | 1,189 万円 | 1,136 万円 | 1,234 万円 |
| 大学卒 | 1,373 万円 | 1,342 万円 | 1,145 万円 | 1,225 万円 | 1,271 万円 | 1,224 万円 | 1,384 万円 |

・高校卒＝１２１９万円
・高専・短大卒＝１２３４万円
・大学卒＝１３８４万円

平成14年以降の定年退職者の退職金の推移は図表６のとおりです。

図表６を見ると退職金の額がほとんど変わっていないのがわかります。

平成18年には大きく金額を減らしていますが、これはリーマンショックの影響が出たのだろうと思われます。ですから、今後も世界経済や景気動向によっては大きく減ってくる可能性だってあるわけです。

しかし、こういった経済以外の理由でも、今後は確実に退職金の額は減っていくのではないか、と私は考えています。

理由は、皆さんの家庭の事情と同じです。皆さんのご家庭の預貯金が殖えないのと同じで、企業も退職金用の資産が殖やせなくて困っているのです。バブルが弾けて二十数年。日本は「超低金利」の時代を送っています。

**公的年金や退職金を中心に考えた老後資金設計は大きな破綻を招く恐れ**

現在50代以上の方は、就職して以降日本の高度成長期やバブル期を経験していますので、退職金用の資産運用が金利の高いときにできた時期もありました。

しかし、バブルが弾けて以降に就職された方はどうでしょうか。

退職金用の資産は、すべて低金利で運用してきたことになります。そうなると、退職金用の資金が定年退職時には思ったより殖えておらず、もらえると思っていた金額がもらえなかった、ということにもなりかねません。退職時に「少なかった！」ではもう遅いのです。

公的年金や退職金を中心に考えた老後資金設計は大きな破綻を招く恐れがあります。働き盛りの皆さんが定年退職までの間に、大きな年金改正や退職金制度の見直しなど、国や企業側は行ってくる可能性はあるのです。今後は、「自分年金づくり」の重要性がさらに増してくると思います。

## 人口減少に伴い減っていくもの

人口減少により日本の労働力は今後減っていきますが、人口減少に伴い減っていくものが他にもあります。それは、「企業数」です。日本の企業のほとんどを占める中小企業の数は、1986年以降、減少傾向にあり、500万社を超えていた企業数も、2012年2月時点では385万社まで減っています。「後継者が見つからない」「売上の減少」「円安による原材料等の値上がり」等、理由は様々でしょうが、今後も減少傾向にあることには間違いないでしょう。

定年まで勤め続けるつもりの会社が途中でなくなってしまうことも考えられ、いざというときのためにも蓄えは殖やしておかないといけません。

## 4　デフレ脱却で、資産がどんどん目減りする

### インフレが続くと怖いこと

「日本はデフレから脱却した」と言われています。

デフレを脱却すれば、少しは景気が良くなるかと期待していた方もいらっしゃったかもしれませんが、現実は物価ばかり上がって、かえって家計が苦しくなった、と嘆いている人も多いのではないでしょうか。

デフレからインフレに転じた場合、たしかに毎日の支出は増えて家計は苦しくなるでしょうが、それ以上に恐いことがあります。

それは、インフレが続くと、知らない間に皆さんの預貯金が目減りしていってしまうという恐さです。目減りというのは価値が下がることを表しています。

例えば、１０００万円という貯蓄があり、10年後に2割目減りするとした場合、確かに見た目は１０００万円ですけれども、今の８００万円までお金の価値は下がってしまう、ということになります。

わかりやすく説明すると、今、１００万円の軽自動車は１００万円の現金があれば買えるのですが、１年後この軽自動車が１０５万円に値上がりしてしまうと１００万円では買えなくなってしま

【図表７　資産運用と物価上昇のときの価値の差】

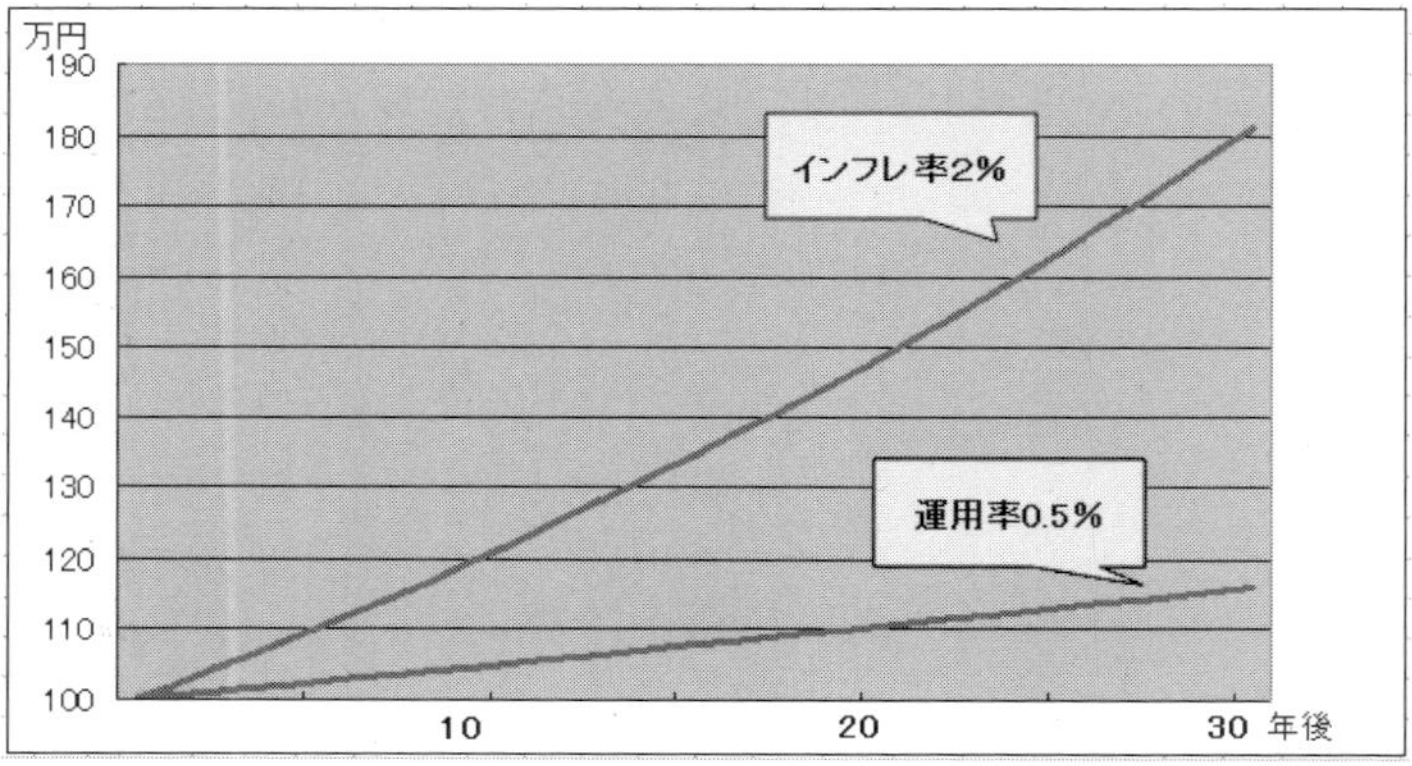


います。お金の価値が下がったことになります。

## インフレリスク

インフレが将来的に続いていくと、物価とお金の価値は差が開いていってしまいます。これを「インフレリスク」といいます。

インフレリスクの対策としては、インフレ率に合わせて貯蓄の価値も上げていかなければ、資産はどんどん目減りしていってしまうことになります。

図表７のグラフは資産を毎年０・５％で運用した場合とインフレで物価が毎年２％ずつ上昇した場合の価値の差を表しています。（複利計算）

現在は同じ１００万円という価値でも、インフレによるモノの価値とお金の価値は年数が経つにつれて、差がどんどん開いていくのがわかります。

30年後は実に１・５倍以上もの差が生じてしまうわけです。

## 資産運用を見直そう

皆さんはどのような資産運用をされていますか。

「安心・安全」を重視して、金利の低い定期預金など中心に運用していませんか。

デフレの時代では、物価の上昇は気にしなくても良かったので、定期預金を中心とした運用でも問題はなかったでしょう。しかし、デフレを脱却したとされる今、このような低金利での運用は、「安心・安全」どころか、逆に「資産の目減り」という大きなリスクを招いてしまうこととなります。

ご本人はリスクなしの運用をしているつもりかもしれませんが、「老後破綻」という危険性を大きくしてしまっているのです。

図表7ではインフレ率を2％で設定しましたが、現実には、円安によるインフレや増税（消費増税は大きいですよね）、社会保険料のアップなど、家計の支出の増加はここ1、2年、非常に大きくなっています。

さらに２０１７年4月からは消費税率も10％にアップすることは決まっているのですから、資産の運用方法を見直しておかないと、せっかくの貯蓄も底を尽いてしまいます。

## 資産の目減りのチェックを

また、資産運用の相談を受けると、どれだけの利回りで運用しているのかを把握していないお客様が非常に多くいることを感じます。

「とりあえず、定期預金や保険に預けておけば間違いないだろう」という判断で預け入れるのですが、満期が来て、あまりの少なさに初めて驚かれる方も少なくありません。

現在の運用利率を改めて確認し、資産が目減りしないかを確認していただきたいと思います。

なお、最近の一般的な定期預金金利は、約0・03%。さらにこれは税引き前の率です。実際は源泉徴収されているのをご存知ですか。

また、2013年から復興増税も実施されており、合計で20・315%の源泉徴収となります。資産を運用する場合、税引き前ではなく、実際はいくら手に入るのかといった税引き後の金額で考えないといけません。

「いくら預けて、実際にはいくら受け取れるか」を考えるクセを付けるようにしましょう。

## 円安を想定した運用を

アベノミクスにより円安が促進されていますが、円安はインフレを進めます。食料品などの輸入品が値上がりするのも円安によるものです。

2012年の年間為替レートは1ドル=約79・79円でした。2015年10月の為替レートは1ドル=約120円ですから、約3年で1・5倍も円安が進んだことになります。

円安になると物価が上昇しますが、将来的にも円安が進むと思われます。

円安を想定した運用をしていかないと資産の目減りは進みます。

# 5　景気が良くなっても預金金利が絶対に上がらない理由

## 金利は上がらない

日本は、２０１１年末の日経平均株価８４５５円から大きく上昇し、２０１５年には一時２万円台を突破するまでとなりました。その後、中国経済の減速などで下落があったとはいえ、２０１１年に比較すると約2倍となっています。

現在、景気を実感する人が少ないとは言え、今後のオリンピック開催での景気上昇を期待する人もいらっしゃるでしょう。

しかし、断言できますが、今後、もし、景気が良くなったとしても、金利は絶対に上がることはありません。

## 金利が上がらない元凶は国の借金

理由は、「日本の借金」です。

日本は、国債をはじめ、１０００兆円を超える借金を抱えています。もし、１%でも金利が上がったらどうなるでしょうか。わずか１%の金利上昇でも年間10兆円を超える利息の支払いが増えてしまうことになります。

２０１５年度の税収は前年度より増えたとはいえ約54兆円です。これに対し予算総額は約96兆円と、予算の約４割を国債等の借金でまかなっている国に私たちは住んでいるわけです。これだけ借金に頼っている国では、利息額を増やす金利を上げることは財政破綻につながることになります。景気が良くなって、金利が上がりそうになったら全力で抑えてくるでしょう。

国債の金利が上げられないのに、銀行預金の金利が上がるわけがありません。「そのうち、景気が良くなって、金利が上がるまで我慢、我慢・・・」と真面目に定期預金をしていても、残念ながら時間の無駄使いになるでしょう。我慢し続けている間に、税金や社会保険料の負担は増え続け、円安による生活必需品の値上がりで、家計は大変なことになっていってしまいます。

## 国の借金が膨らんだわけ

それでは、なぜ、こんなに国の借金は膨らんでしまったのでしょうか。

日本は１９７０年代にはほとんど借金などない国だったのですが、大きく増え始めたのはやはりバブル崩壊後の１９９０年代以降になります。当初は、低迷する経済を立て直すために、日本各地で公共事業を起こしたことにより借金が増えてしまったわけです。しかし、近年は、やはり介護や医療といった社会保障費の増大が、借金を増やす大きな理由となっています。

公共事業費は減らすことはできても、人口減少や高齢者割合が大きくなる日本では社会保障費は簡単には減らせません。増える一方です。

つまり、国の借金は、減らすことはできず、今後も増える一方なのです。

よく「日本は借金を国内でまかなっているから問題ない」と言われます。

しかし、わずか年０・３％程度（２０１５年10月、新発10年国債）の利息しか付かない債券を海外の投資家や企業が買うでしょうか。

増え続ける借金を、金利を抑えてなんとか国内だけでまかなっているだけではないでしょうか。

このような政策が長く続けられるとはとても考えられません。

## 財政悪化で金利上昇はある

それでは、今後、本当に金利は上がらないのでしょうか。

景気が良くなっても金利は上昇することはありませんが、財政が悪化して金利が上昇することはあります。

金融緩和により、日銀が大量の国債を購入したり金利を抑えたりしていますが、こういった金融緩和策に限界が来てしまった場合、国債の価格が下落し金利は上昇していきます。国債の価格と金利は逆の動きをします。万が一、財政破綻となり国債暴落となれば金利は急上昇するのです。

「お札を刷りまくれば、財政破綻などありえない」と言う人がいます。

しかし、お金の量が増えるとお金の価値が下がってしまい、結果、インフレを招くことになります。お金の価値と物の価値は反対の動きをするのです。大量のお金を刷って大幅にインフレが進むと、苦しむのは結局、私たち国民です。

財政悪化による金利上昇では、預金金利の上昇だ、と喜ぶわけにはいきません。銀行自体が危なくなる可能性があります。また、銀行などの金融機関だけでなく、勤務先なども影響を受ける可能性があり、お給料だって予定通り入ってこなくなるケースも想定できます。急激なインフレになることも予想されますから毎日の生活に困るようなことも考えられるのです。

**景気自体もよくならない**

景気が良くなっても借金大国の日本では、金利が低く抑えられるため、そう簡単に上がらないことはわかっていただけたと思いますが、景気自体もそもそも良くなるとは思えません。

理由は、「人口減少」「高齢化」に尽きます。

人口が減ると、どうしてもその国の経済力にマイナスの影響を与えます。

戦後、我が国の人口は増加を続け、1967年には初めて1億人を超えましたが、2008年の1億2808万人をピークに減少に転じています。また、国立社会保障・人口問題研究所の推計では、2048年に9913万人と1億人を割り込み、2060年には8674万人まで減少すると見込まれています。経済に影響を与える人口を、「生産年齢人口」といいます。

「生産年齢人口」は、15歳以上65歳未満の労働力になる年齢の人口を指しますが、1995年の

８７２６万人をピークに減少を続け、２０１３年10月には８０００万人を割り込んでいます。

ここでわかるのは、１９９０年代には、すでに人口減少による経済への影響がわかっていた、ということです。約20年も前にこれからの日本は労働力が下降していくのがわかっていたのに、これといった人口減少対策がとられていなかったのです。20年間も成果が出なかったわけですから、今後も人口減少は一朝一夕に解決できる問題ではありません。

これといった資源もなく、働き手も少なくなってくる国は、成長どころか衰退していきます。

オリンピックや新幹線などでは本当の景気回復はできません。一時的には景気が良くなったように感じるかもしれませんが、高齢者の割合が増え続け否応なしに介護や医療にお金のかかってくる国では、今までと同じような生活を維持することすら難しくなっていくでしょう。

## よくならないＧＤＰの数値

日本の借金と一緒に比較されるものにＧＤＰがあります。

ＧＤＰとは（Gross Domestic Product）の略で、「国内総生産」のことです。ＧＤＰは国内で生産された物やサービスに支払われたお金の総額を表しますので、数値が大きくなれば景気が良いことを表し、数値が小さければ景気が悪くなったことを表します。

日本の借金を語る際、必ず出てくるのが「債務残高の対ＧＤＰ比」です。財務省のＨＰでも次のように公開されていますが、国債発行残高がＧＤＰ比２倍もあるのは、先進国では日本だけです。

## 【図表８　債務残高の国際比較（対ＧＤＰ比）】

| 暦年 | 2008 | 2009 | 2010 | 2011 | 2012 | 2013 | 2014 | 2015 |
|---|---|---|---|---|---|---|---|---|
| 日本 | 171.1 | 188.7 | 193.3 | 209.5 | 216.5 | 224.2 | 230.0 | 233.8 |
| 米国 | 78.1 | 92.5 | 101.8 | 107.7 | 110.5 | 109.2 | 109.7 | 110.1 |
| 英国 | 55.2 | 69.0 | 77.9 | 92.3 | 95.7 | 93.3 | 95.9 | 97.6 |
| ドイツ | 67.9 | 75.3 | 84.0 | 83.4 | 86.1 | 81.4 | 79.0 | 75.8 |
| フランス | 81.6 | 93.2 | 96.9 | 100.8 | 110.5 | 110.4 | 114.1 | 117.4 |
| イタリア | 114.6 | 127.2 | 125.9 | 119.4 | 137.0 | 144.0 | 146.9 | 149.2 |
| カナダ | 74.7 | 87.4 | 89.5 | 93.1 | 95.5 | 92.9 | 93.9 | 94.3 |

(出典)OECD "Economic Outlook 96" (2014年11月)

※ 数値は一般政府ベース。

(注)本資料はOECD "Economic Outlook 96"による2014年11月時点のデータを用いており、2015年度予算の内容を反映しているものではない。

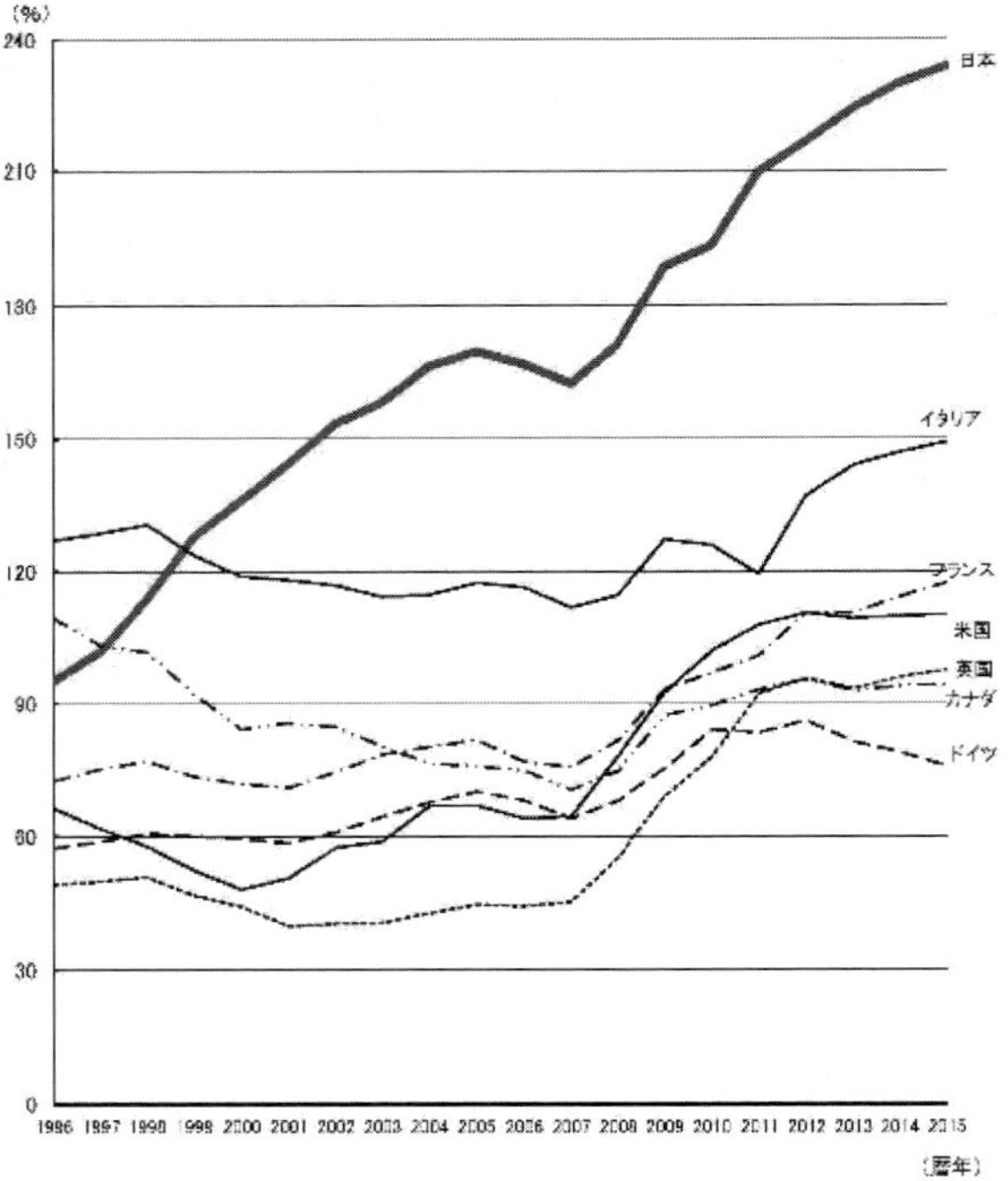


（財務省ホームページより）

債務が増えてもＧＤＰが伸びればいいのですが、経済成長が難しい日本ではその差は開くばかりです。今後も「債務残高の対ＧＤＰ比」の数値は悪くなっていくことが予想されます。

## 格付ダウンを見越して今後の資産づくりを再検討すべき

２０１５年10月、Ｓ＆Ｐが日本国債の格付けを1ランク下げてＡ＋としました。これは、韓国や中国よりも下の格付けです。理由はアベノミクスの評価があまり良くないとのことですが、「え？株価は以前に比べると上がっているのになぜ？」と思われる人もいらっしゃるでしょう。

海外から日本はどのように見られているのでしょうか。

海外から日本を見るため、「円」ではなく、基軸通貨である「米ドル」で見てみましょう。次は、ここ数年の日経平均の年末終値の株価とそのときの為替レートで米ドルに直したものです。

２０１１年　８４５５円＝約１０９ドル
２０１２年　１万３９５円＝約１２１ドル
２０１３年　１万６２９１円＝約１５５ドル
２０１４年　１万７４５１円＝約１４６ドル

アベノミクスにより、株価は大幅に上がったように見えます。２０１１年と２０１４年を比較すると、円では2倍以上の株価ですが、ドルで見ると3割程度の上昇にすぎません。しかも２０１４年は円安の影響で、ドルにすると下がっている状態です。

しかし、アメリカのダウ平均株価（年末）は、1995年は5117ドル、2000年に1万787ドル、2014年には1万7823ドルと、この20年間、リーマンショックがあったにもかかわらず、日本に比べると右肩上がりで大きく伸びています。ちなみに1995年の日経平均株価は1万9868円です。

日本は貿易収支も2011年から赤字傾向で、これも円安を進めている一因です。

格付けが下がっても、すぐに生活が変わるわけではありませんが、今後の資産づくりを考えていくと、「円」だけで運用することはリスクが高いように思われます。具体的に見ていきましょう。

例えば、2013年に1000万円の貯蓄があったとしましょう。その後約2年間、コツコツと1100万円まで殖やしたとします。「円」で見るとたしかに貯蓄は1割殖えているのですが、これを基軸通貨である「米ドル」に直して見てみます。2013年の1000万円は約10万2500ドル、2015年の1100万円は約9万1000ドルとなり、1万1000ドル以上も減らしていることになります（2013年は年間の平均レート、2015年は1月～10月までの平均レートで計算）。

円だけの世界で生活しているのであれば、わざわざドルに直さなくてもいいと思いますが、私たちの生活の多くは食料品をはじめとする輸入品に頼っているのが現状です。

今後は、TPPによる関税見直しやオリンピックにより外国との交流はさらに活発化していきます。お金の価値を「ドル」で見るセンスが必要になってくるのではないでしょうか。

# 第2章　資産づくりのために知っておくべき知識

## 1　なぜ、お年寄りにお金持ちが多いのか

### 資産づくりができたわけ

各年代で約3割の人が貯蓄0と言いながら、やはりまだまだ年配の方のお金持ちは多いようです。

１９７０年代は定年退職も55歳で今よりも10年も早かったですし、出生率も高かったため各家庭の子どもの数も今よりも多かったはずです。しかし、それでも財産をしっかりつくって悠々自適の老後を送っておられる方はいらっしゃいます。

お年寄りの皆さんが株や投資信託などをやっていたわけではないのに、老後に困らない資産を作ることのできた理由は、「働き方」と「金利の高さ」にあります。

昔は「リストラ」などという言葉は聞いたことがなく、終身雇用が当然でした。また、年功序列で給料も右肩上がりでしたし、結婚・出産も年齢的に早かったので、50代といえば、本当に余裕のある世代でした。

しかし、今の50代は、子どもにはまだまだお金がかかるのに、昇給停止は当たり前のようで、リストラ経験者も少なくありません。

これに資産づくりには重要な「低金利」もダメージとなっています。

## 資産を殖やすチャンスを逃した

バブルが弾けた後の続く低金利で、住宅ローンなどの借り入れ金利は低くなったものの、私たちは資産を殖やすチャンスを逃してしまったのです。バブルがはじける以前は、銀行や郵貯の定期に「預けておくだけ」で資産づくりができてしまった時代でした。まさに「放っておくだけ」でどんどん殖えていったのです。

例えば、年平均７％複利で１００万円を20年間預けておくだけで、ほぼ4倍の４００万円になったのですが、今の定期預金の金利では、20年預けておいてもほとんど１００万円のままです。

現役世代は、本来なら資産をしっかりつくって殖やしておくべき世代です。

今の30代や40代の方々は、本当は働き盛りのうちに資産をつくっておかないといけないのに、「資産をつくりたいのにつくれない」状況がもう20年近く続いているわけなのです。

郵貯等の金利は、高度成長期には10％を超えるような金利の商品もありました。

こういった時期に、しっかりと積み立てを続けたり、退職金などのまとまったお金を預けたりした方は、大きな資産を作ることができたでしょう。

## 老後にも高い金利の運用をする

また、老後にも金利の高い運用をしておかないと、せっかくの資産は目減りするばかりです。

例えば、定年退職時に２０００万円の老後資金があったとします。もし、実質年６％の金利で運用できれば、毎年120万円の利息が受け取れるため、これを公的年金に上乗せすれば毎月10万円の生活費がプラスになるわけで、それこそ悠々自適の生活が送れるわけです。しかも元本は減らないわけですからどんなに長生きしようと大丈夫なわけです。

しかし、これが今の低金利だとどうでしょうか。

せっかく2000万円の老後資金をつくれたとしても定期預金に預け入れたのでは、実質0・03%の金利だと毎年わずか6000円の利子しか付きません。利子を生活費に上乗せしても毎月500円ぽっちです。

さきほどのように毎月10万円を公的年金に上乗せして生活しようとすると、取り崩していくしかなく17年弱で資産は尽きてしまいます。これでは長生きリスクに対応することはできず、せっかく元気で長生きしても「老後資金が尽きたらどうしようか…」と不安を感じながら生きていくことになります。

「お父さんが退職したときは、あんなにお金があったのに…。それほど無駄遣いした記憶もないのに、なぜ、この年になってこんなにお金で苦労しないといけないの？」

皆さんの周りで、こんなお年寄りの声を聞いたことはありませんか。

### 資産を「減らさない」・「殖やす」運用方法をマスターする

少子高齢化で、ますます公的年金には期待できないことはわかりきっています。

介護保険料や健康保険料がますますアップしていくだろう、ということも予想はできています。ある程度の資産をつくって、取り崩すのではなく元本が生み出す利息や配当で家計を潤す知恵が必要です。そのためには超低金利の定期預金などでは絶対にいけません。

今は、元本割れしないから安心だから、と、リスクを取らずに低金利を我慢した資産運用を続けていくと、将来は預貯金を減らしてしまったり、下手をすると貯蓄0のグループに入ってしまうことも考えられます。

現役世代のうちから、「減らさない」「殖やす」運用方法をマスターしておくことで、老後に入ってもお金に苦労しない生活を送ることができるはずです。

日本の将来を考えると、個人で年5~6%の運用はしていかないと資産の目減りが生じたり生活が苦しくなってくる可能性があると私は考えています。そのためには、積極的に海外の金融商品にも目を向けていく必要があります。

「まだ若いから。」と、呑気に構えていると損をしますよ。

例えば、毎月5万円を実質年6%で積み立てていくと、10年間では約790万円ですが、15年間続けると約1300万円、20年間では約2200万円にまで殖やすことができます。まさに「時は金なり」。わずか5年の違いでも大きな差を生みます。実行するなら早くスタートしましょう。

若いうちからしっかりお金を殖やして、殖やしたお金を日本国内で使って消費を上げていくことが、よほど日本にとっては良いことだと思っています。

## 2　放っておいてもお金が殖える！　複利の力とはどれほどか

### 現役世代の方は損をしている

低金利の時代が続いていることによって、現役世代の方たちは非常に損をしています。資産をつくらないといけないときに資産がつくれないからです。特にバブルが弾けた後に就職された40歳前後より若い方は、低金利しか知らないために金利の重要さがわかっていらっしゃらない方が多いです。

ところで、金利は単に高いだけではいけません。複利であることが大事です。

複利とは、元金によって生じた利子を元金に組み入れていくことによって、元金だけでなく利子にも次回の利子が付いていく方式です。つまり、「利子が利子を生んでいく」のです。

単利の場合は毎回の利子は同額となりますが、複利の場合は回を追うごとに利子が次第に増加していき、まさに雪だるま式に利子が増えていくことになります。

しかし、現在は定期預金などの一部を除いてほとんどが単利となっています。

例えば、１００万円を年６％の単利商品で10年間運用すると、毎年６万円の利子となり、10年間の合計は60万円で、元利合計１６０万円となります。

しかし、これが複利商品だと、次のように利子が殖えていきます。

【図表９　元本100万円での複利の増え方】

（単位：円）

| 年数 | 元本 | 利子（元本 ×６%） | 元利合計 |
|---|---|---|---|
| １年目 | 100万 | 6万（100万 ×6%） | 106万 |
| ２年目 | 106万 | 6万3,600（106万 ×6%） | 112万3,600 |
| ３年目 | 112万3,600 | 6万7,416（112万3,600×6%） | 119万1,016 |
| ４年目 | 119万1,016 | 7万1,460（119万1,016×6%） | 126万2,476 |
| ５年目 | 126万2,476 | 7万5,748（126万2,476×6%） | 133万8,224 |
| ６年目 | 133万8,224 | 8万0,293（133万8,224×6%） | 141万8,517 |
| ７年目 | 141万8,517 | 8万5,111（141万8,517×6%） | 150万3,628 |
| ８年目 | 150万3,628 | 9万0,217（150万3,628×6%） | 159万3,845 |
| ９年目 | 159万3,845 | 9万5,630（159万3,845×6%） | 168万9,475 |
| 10年目 | 168万9,475 | 10万1,368（168万9,475×6%） | 179万0,843 |

10年後には、元利合計は１７９万円以上となり、単利に比べて大きな成果を出すことができます。

**単利も複利も低金利では変わらない**

お客様の中には、複利が良い、という知識を持っておられる方がいらっしゃって、「先生、私は複利商品に預けているの。複利は殖えるんですよね～。将来が楽しみです」と嬉しそうにおっしゃるのです。

また、「半年複利の商品だからすっごく殖えると思うの」と言っていた相談者もいました。

たしかに、1年複利よりも半年複利のほうが、半年複利よりも1ヶ月複利のほうが理論上は殖えるのですが、この超低金利の時代に半年複利だろうが1ヶ月複利だろうがそれほど差が出るものではありません。

１００万円を年０・１％の半年複利で20年間預けても税金など引かれたら2万円の利子さえ付かないのが現実です。これは20年間というせっかくの運用期間を無駄にすることになります。

せっかくの複利の金融商品でも金利自体が低ければその恩恵は低くなってしまいます。

高い金利で、かつ、複利であることが重要なのです。

例えば、1年複利で毎月３万円を20歳～60歳までの40年間毎月コツコツと積み立てていった場合を考えてみましょう（図表10）。金利が５％の場合と０・０５％の場合で比較してみます。

３万円を40年間ですから、元金合計は１４４０万円となります。

しかし、これを金利５％で運用すれば４０００万円以上の結果が出せますが、０・０５％では１４５４万円と40年かけても利子はほとんど付かない結果になってしまいます。

### 投資にも目を向ける必要がある

高度成長期の日本では当然受けられた恩恵が、現在は受けられません。

今後も予想されるインフレや増税など家計の支出増を考えると、このような運用をやっていれば、老後に不安を感じていくのも無理はありません。

一度、運用されている現在の金利を確認してください。インフレ目標が2％だったり消費税が10％になろうとしているのに、1％未満の運用を続けていったのでは、将来貯蓄は底をついてしまっ

【図表 10　年 36 万円（毎月 3 万円）の金利別積立表（１年複利）】

（単位：万円）

| 積立期間 | 0.05% | 0.5% | 1.0% | 3.0% | 5.0% |
|---|---|---|---|---|---|
| 1 | 36 | 36 | 36 | 36 | 36 |
| 2 | 72 | 72 | 72 | 73 | 74 |
| 3 | 108 | 109 | 109 | 111 | 113 |
| 4 | 144 | 145 | 146 | 151 | 155 |
| 5 | 180 | 182 | 184 | 191 | 199 |
| 6 | 216 | 219 | 221 | 233 | 245 |
| 7 | 252 | 256 | 260 | 276 | 293 |
| 8 | 289 | 293 | 298 | 320 | 344 |
| 9 | 325 | 331 | 337 | 366 | 397 |
| 10 | 361 | 368 | 377 | 413 | 453 |
| 15 | 542 | 559 | 579 | 670 | 777 |
| 20 | 723 | 755 | 793 | 967 | 1,190 |
| 25 | 905 | 956 | 1,017 | 1,313 | 1,718 |
| 30 | 1,088 | 1,162 | 1,252 | 1,713 | 2,392 |
| 35 | 1,271 | 1,373 | 1,500 | 2,177 | 3,252 |
| 40 | 1,454 | 1,590 | 1,760 | 2,714 | 4,349 |

て当たり前です。

金利の低い預貯金を中心に資産形成されてきた方は、これからはどうしても投資にも目を向ける必要があります。

投資などというと、「コツコツ真面目に貯金していきなさい」と論される年配の方もいらっしゃいますが、昔のようにコツコツと長い間貯蓄していても大きく殖やせる時代ではありません。

多少のリスクを背負って資産形成しなければ、代わりにインフレや老後破綻リスクが大きくのしかかってくる恐れがあるのです。

アベノミクス以降、円安・インフレ時代となった今、お金の殖やし方を変える必要性が出てきました。

殖えないということは、インフレに転じた現在、元本保証があったとしても資産価値の目減りというリスクになってしまいます。積極的に殖やしていくこが円安・インフレ時代には重要で、円高デフレ時代と同じ方法を続けていたのでは、マネープランは失敗します。

円安・インフレ時代にあったお金の殖やし方を考えていきましょう。

### 運用の仕方で将来は結果が違ってくる

さて、現在まとまった資金のある方も、運用の仕方で将来は結果が違っていきます。

例えば、５００万円という資金のある方は金利の違いでどのように運用結果が変わってくるか見てみましょう（図表11）。

金利１％の運用では、10年間複利で運用しても1割程度しか殖やすことができませんが、５％になると３００万円以上も利子を付けることができます。

ところで、低い金利での運用が問題なのは、運用結果だけではありません。見方を変えれば、低い金利での運用は資産の目減りを起こす可能性があります。特にインフレ状態では物価上昇率よりも低い運用を行っていたのではお金の価値は下がる一方です。

物の価値が上がればお金の価値は下がるのです。

【図表 11　500 万円の金利別運用表（１年複利）】

（単位：万円）

| 運用期間 | 0.05% | 0.5% | 1% | 3% | 5% |
|---|---|---|---|---|---|
| 1 | 500 | 503 | 505 | 515 | 525 |
| 2 | 501 | 505 | 510 | 530 | 551 |
| 3 | 501 | 508 | 515 | 546 | 579 |
| 4 | 501 | 510 | 520 | 563 | 608 |
| 5 | 501 | 513 | 526 | 580 | 638 |
| 6 | 502 | 515 | 531 | 597 | 670 |
| 7 | 502 | 518 | 536 | 615 | 704 |
| 8 | 502 | 520 | 541 | 633 | 739 |
| 9 | 502 | 523 | 547 | 652 | 776 |
| 10 | 503 | 526 | 552 | 672 | 814 |
| 15 | 504 | 539 | 580 | 779 | 1,039 |
| 20 | 505 | 552 | 610 | 903 | 1,327 |
| 25 | 506 | 566 | 641 | 1,047 | 1,693 |
| 30 | 508 | 581 | 674 | 1,214 | 2,161 |
| 35 | 509 | 595 | 708 | 1,407 | 2,758 |
| 40 | 510 | 610 | 744 | 1,631 | 3,520 |

せっかくまとまったお金があるというのに、その価値を上げないというのは非常にもったいない話です。

特に、財政破綻とでもなれば、ハイパーインフレにならないとも限りません。

こういった急激なインフレに備えるためにも、今から少しずつでもお金の価値を上げておく必要があるのです。

物価は急上昇することはあっても、持っているお金の価値は一気に上げることはできません。

お金持ちがインフレによって蓄えをなくしてしまう場合も十分に考えられるわけです。

## インフレが続くと資産価値はどの程度目減りしていくのか

それでは、今後インフレが続くと資産価値はどの程度目減りしていくのかを見ていきましょう。

例えば、先ほどの500万円ですが、今後、毎年2％のインフレが続くとすると、今の500万円は、10年後には410万円、35年後には半分の250万円程度の価値しかなくなってしまうのです（図表12）。

今と同じ500万円という価値を維持するためには、税金や手数料などを控除した実績の利率で最低でも2％の運用を実行しないといけないことになります。

インフレ率以上の運用を実行するには、預貯金中心の運用ではダメです。デフレの時代では、預貯金中心の運用でも良かったかもしれませんが、物の値段が上がり、税金や医療費・介護費といった負担の増えてくる今後はお金を殖やしていかないといけないため、どうしても投資をしていく必要があります。

投資といっても、短期で結果を出す株やFXといったものではなく、長期で効果の出せる積立て型の投資信託がいいでしょう。投資信託は、株や債券、また色々な国への分散投資が可能でおすすめです。少しずつこういったものにチャレンジしていくといいと思います。

ただし、単に積立てを始めるだけではいけません。

インフレや円安、退職金や年金の減額などを考えると、税金や手数料を差し引いた手取りで5～6％の利率が必要ではないか、と考えています。

【図表 12　500 万円でインフレが続く場合の資産価値】

（単位：万円）

| 経過年数 | 0.5% | 1.0% | 1.5% | **2.0%** | 2.5% |
|---|---|---|---|---|---|
| 1 | 498 | 495 | 493 | **490** | 488 |
| 2 | 495 | 490 | 485 | **481** | 476 |
| 3 | 493 | 485 | 478 | **471** | 464 |
| 4 | 490 | 480 | 471 | **462** | 453 |
| 5 | 488 | 476 | 464 | **453** | 442 |
| 6 | 485 | 471 | 457 | **444** | 431 |
| 7 | 483 | 466 | 451 | **435** | 421 |
| 8 | 480 | 462 | 444 | **427** | 410 |
| 9 | 478 | 457 | 437 | **418** | 400 |
| 10 | 476 | 453 | 431 | **410** | 391 |
| 15 | 464 | 431 | 400 | **372** | 345 |
| 20 | 453 | 410 | 371 | **336** | 305 |
| 25 | 441 | 390 | 345 | **305** | 270 |
| 30 | 431 | 371 | 320 | **276** | 238 |
| 35 | 420 | 353 | 297 | **250** | 211 |
| 40 | 410 | 336 | 276 | **226** | 186 |

将来のために殖やせるチャンスはしっかりと生かしましょう。

なお、価値の下落が心配なものとして不動産があります。

家はどんなに立派な新築物件でも一度住んでしまっただけで大きく価値を下げてしまいます。土地も人口減少が懸念されるようになった今、将来は価値が下がってくると考えられます。

お金で持っていれば、方法によっては価値をあげるチャンスもありますが、国内の不動産は長期で考えると価値が下がってくることが予想されるため、不動産の購入は慎重に行ったほうがいいでしょう。

【図表 13　複利のイメージ】

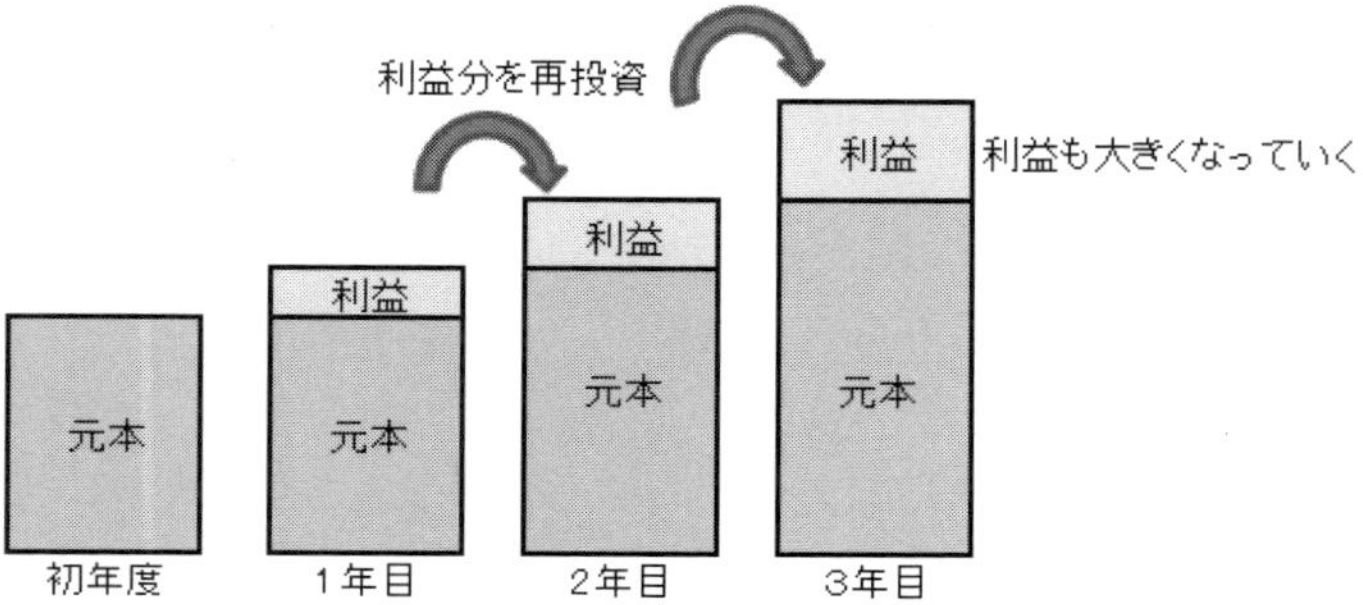


## 投資に失敗する原因

本来は、出た利益を再投資することでさらに大きな利益を出すことができるのが複利の形なのですが、日本での運用は再投資の際に高い税金や高い手数料がコストとしてかかってしまうので、効率的な再投資ができません。

また、金融機関は、投資商品でも保険商品でも手数料を差し引く前の利回りで説明してきます。

そのため、せっかく投資を始めても思ったような結果が出なくて、「投資は損だ」というイメージが付いてしまうのです。

投資を始める際は、わかりやすい商品選びと信頼できるアドバイザーを選ばないと失敗します。

お金を運用する際は、預けたお金と受け取ったお金からどのくらい結果が出せたのかを自分自身で管理する必要があるのですが、怠る人が多いため、これも失敗する原因の1つとなっています。

第5章では、運用結果を見る「年平均利回り」の計算方法もご紹介していますので、参考にしてください。

# 3　40年勤めて退職金がたったの600万円!?　信じられない怖い話

金利が低いため資金を殖やせないで悩んでいるのは、家庭だけではありません。企業も同じです。給料がもらえる立場からすると、会社の財産がいくらであろうと、ちゃんとお給料やボーナスが貰えていれば影響もないですが、金利の低さはあなたの将来の退職金や企業年金に大きく影響してくるのです。

## 金利が低いため資産を殖やせない

退職金の額が増えない、減っているという理由の1つには、やはり金利の問題があります。

多くの中小企業は、中小企業退職金共済（以下、中退共）という退職金制度に加入して、単独では退職金制度を持つことが難しいとされる中小企業の退職金制度をサポートしています。中退共制度は、昭和34年に国の中小企業対策の一環として制定された「中小企業退職金共済法」に基づき設けられた制度であり、平成26年9月現在の加入企業数は36万2千、加入従業員数は328万人となっています。しくみとしては、事業主が中退共と退職金共済契約を結び、毎月の掛金を金融機関に納付し、従業員が退職したときは、その従業員に中退共から退職金が直接支払われるものです。

しかし、この中退共制度の金利も低下し続けています。

昭和61年頃の金利は6・6％でしたが、平成3年から5・5％、平成8年から4・5％、平成11年から3％と低下しています。金利が下がると当然、退職金の額に影響してきます。
例えば、毎月1万円（年12万円）の掛け金で40年後の退職金の額は、次のようになります。

6・6％・・・2162万円
5・5％・・・1639万円
4・5％・・・1284万円
3・0％・・・905万円
1・0％・・・587万円

今後も低金利が続いていき1％程度の金利で運用され続けていくと、600万円にもならないような退職金額となってしまいます。企業が2倍、3倍の掛け金を出してくれればいいのでしょうが、中小企業も苦しい経営の中ではそんなに簡単にいきません。公的年金も当てにならないのに退職金までも、というのが現実です。

## 退職金前払制度があるときの留意点

退職金制度を見直して、退職金前払制度を導入する企業も増えてきています。退職金前払制度とは、文字通り退職金を退職時に支払うのではなく、月々の給料やボーナスに上乗せして支払う制度のことをいいます。月々の収入はアップしますが、退職時には退職金が支給されない、というものです。

前払制度の怖いところは、給料などに上乗せされるので毎月の給料と同じように上乗せされた分が所得税や社会保険料の対象となってしまうところです。

退職時に退職金として受給できれば退職所得として大きな税金の優遇があるのですが、前払制度は給与所得となってしまい、この恩恵が受けられません。また、上乗せされて支給された分をよほどしっかり管理していないと毎月の生活費に消えてしまうところも怖いところです。

退職金前払制度が導入されたら上乗せ分を使って積み立てていくようにしてしまいましょう。

このとき、せっかく積立てをスタートしても、低い金利で運用するようであれば、定年退職時にはやはり数百万円程度の資産しか老後のために準備できないことになりますので注意してください。

老後資金の相談の際に「会社の退職金制度を確認してくださいね」と、私からはお願いするのですが、前払制度を導入されたことを忘れてしまっている方、またはご主人はわかっているのに奥様がわかっていないというケースが非常に多いのに驚かされます。

老後はまだ先、という思いなのでしょうが、退職金が少ないと老後の生活を直撃してきます。退職時にどのくらいの退職金がもらえるかはしっかりとチェックしておきましょう。

また、退職金で住宅ローンを完済するつもりで老後まで支払期間がかかってしまうような長期の住宅ローンを組んでしまった人は大変です。定年退職時に住宅ローンがいくら残るかを確認しておき、前払分の運用で定年退職までに完済できるような計画を立てる必要があります。

## 4　お金を殖やすために必要なコストとは

### 復興特別所得税が上乗せ

運用により出た収益を、お客様はそのまま受け取れるわけではありません。

預貯金でも「源泉徴収」といって、税金が差し引かれた後の利息の額を受け取っています。本来の税率は20％（所得税15％＋住民税５％）です。

しかし、これに２０１３年1月1日から２０３７年12月31日までの25年間は、東日本大震災からの復興を目的とした復興特別所得税として、所得税額×２・１％が追加的に課税されることになりました。つまり、所得税15％×２・１％＝０・３１５％が復興特別所得税として、合計20・３１５％が預金の利子から差し引かれているわけです。25年間で見込まれる復興特別所得税の総額は７兆２５００億円となっており、１年あたり２９００億円にもなります。預貯金等の少ない利子から徴収される貴重な復興のための財源ですから、是非とも有意義に使っていただきたいものですね。

### 税引後の利率の確認を

ところで、皆さんは、ご自身の普通預金や定期預金の金利は把握されていますか。

よくわかってない方も多いと思いますが、わかっていない方は銀行の窓口などで是非確認してみてください。

また、最新の金利は、銀行のホームページなどで調べることができますので、チェックしてください。

しかし、これらで確認できる金利は「税引前の利率」です。実際に受け取れる金額は、税引後の金額になりますから、「税引後の利率」を把握しないといけません。

例えば、ある銀行の普通預金の金利が年０・０２％だったとします。この０・０２％分の利子がそのまま入金されるのではなく、この利子から20・３１５％分の税金（０・０２％×20・３１５％＝０・００４０６３％）が差し引かれ、実際に受け取れるのは1年間で０・０１５９３７％（０・０２％－０・００４０６３％）ということになります。

本来、マネープランを考える場合、実際に受け取れる税引後の金額で考えないといけませんが、これは、「インフレに対応できているか」「教育資金や老後資金として足りるのか」等を判断すべきだからです。

## 投資信託に必要な手数料

投資となると、税金の他にさらに手数料を考慮しないといけません。

それでは、投資信託を例にどういった手数料があるかを見てみましょう。

代表的な手数料として、次の3つがあります。

・販売手数料（購入時にかかる）
・信託報酬（毎日かかる）
・信託財産留保額（解約時にかかる）

投資信託のリスク等によって手数料は変わってきますので、必ずチェックしましょう。

それぞれを詳しく見ていきましょう。

**販売手数料**

まず、販売手数料ですが、窓口（証券会社や銀行）で投資信託を買うときにかかる手数料です。アクティブ型の投資信託ほど高くなっており、手数料率はおおよそ0～4％程度になります。販売手数料が無料となっている投資信託を「ノーロードファンド」と呼びます。

同じ投資信託でも販売会社によって差があるので、ある会社ではノーロードだけれども他の会社では手数料がかかった、ということもあるのでご注意ください。

**信託報酬**

注意したいのが、信託報酬です。

年0・5～2％以上という率で、投資信託を管理・運用してもらうための経費となるので、運用成績によらず（損をしても）日割りで天引されていきます。

こちらも販売手数料と同様、アクティブ型の投資信託ほど高くなっています。

特に信託報酬は毎日かかってくるものなので購入時に年何％かかるかをしっかり確認しましょう。

よく「販売手数料が今なら無料！」とキャンペーンをしている場合がありますが、購入時の手数料は０でも、信託報酬の手数料が高く設定されている場合があります。

購入時は、販売手数料ばかりに気を取られますが、購入後に毎日コストがかかる信託報酬こそ重要だ、ということに注意してください。

「販売手数料が無料」と聞くと、全ての手数料が無料だと勘違いする投資初心者は非常に多いです。

投資信託の中で一番重要な手数料が信託報酬なのです。

### 信託財産留保額

信託財産留保額は、投資信託を解約（売却）するときにかかる手数料です。これは投資信託によってかからない場合もあります。０～０・５％程度の率になります。

信託財産留保額には、安定した運用のために短期売買を抑制するという意味合いもあります。

また、保有期間が一定期間以上あれば、この信託財産留保額はかからなくなる、というサービスもありますので、説明をしっかり受けておきましょう。

## リターンもみよう

ですが、手数料ばかりに神経を使っていてはいけません。投資で大事なのは「儲けを出すこと」です。リターンが大きいと当然手数料も大きくなりますから、リターンと手数料を見る必要があります。

投資信託を始めた年は、購入手数料と信託報酬で5％以上の手数料がかかってしまう場合もあるため、これで嫌気を感じてしまう人もいるようですが、投資というものは長い時間をかけて殖やしていくものです。長い目で見ていきましょう。

預金や投資の他に、積立型の保険なども利率を提示され説明されますが、私たちが実際に受け取れる利率ではない場合が多いので、そのまま信じないことです。

実際に受け取った後に、「こんなはずではなかった！」というのでは遅いのです。

投資については、元本割れのケースもあるため、馴染めない人も多いようです。しかし、預貯金や保険については、元本割れはしないという安心感からリターンを確認しない人もほとんどで、これは、「元本割れを起こさなければ損をしない」という考えが定着してしまっているようです。

こういった考えは、「給料も上がらないけど家計支出も増えない」という時代であれば問題ないのですが、今は「給料は上がらないけど家計支出はどんどん増えていく」という時代です。出て行くお金がどんどん大きくなる時代ですから、ある程度殖やしていかないと蓄えをそのうち食い潰すことにもなりかねませんので、利用している金融商品のリターンはきちんと確認しましょう。

# 5　資産づくりのために必要な2つのこと

## お金の運用方法

お金の運用の方法は、年齢や現在の資産高、収入や子どもの有無などによって、違ってきます。

まず、主にどのような方法があるかというと、「貯蓄」「投資」「投機」の３つに分けられます。

日本人は安全志向なのか、貯蓄が大好きのようです。

【図表 14　家計が保有する金融資産の内訳】

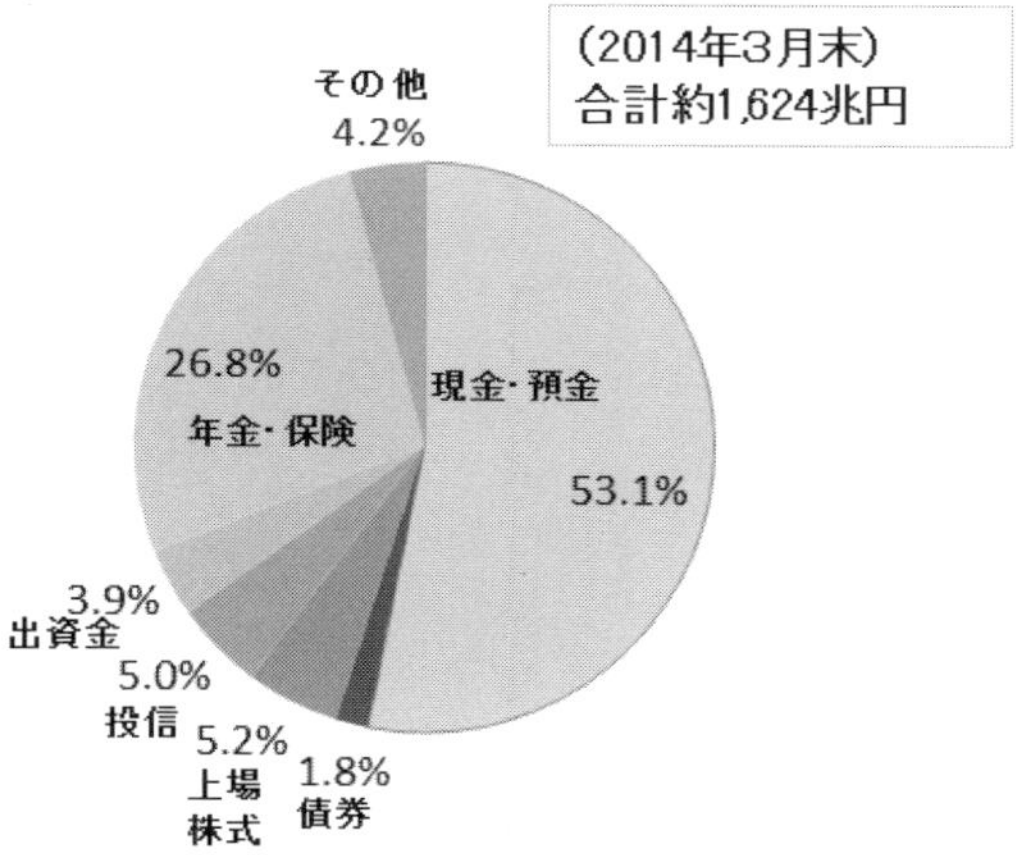


（日本銀行「資金循環統計」より）

図表14の円グラフは家計が保有する金融資産の内訳ですが、預貯金が占める割合は5割を超えています。しかし、第1章で説明したように、今後は預貯金の金利が上昇する見込みはまずありません。

超低金利の預貯金だけの運用は、安全でリスクがほとんどないように見えても「インフレリスク」というリスクがしっかりあります。このインフレリスクは、元手となる資金が少ない方には「老後破綻」を招くくらいの破壊力のあるリスクになります。例えば、500万円を0・03％の金利の定期預金で運用した場合、1年で付く利子はわずか1500円です。しかも20・315％の税金がかかりますから、手取りは1200円にもなりません。このような運用を続けていて、物価の上昇や増税に対応できるわけがありません。70歳代以降でよほど資産が十分にある人であれば問題ないでしょうが、そうでなければ、これからの時代は安心して老後を過ごせないでしょう。

**預貯金運用での大きな問題は低金利であること**

預貯金運用での大きな問題は「低金利であること」です。

現在の高齢者が現役世代のときは、このような超低金利ではありませんでした。バブルが弾ける前は、現在の預金金利の100倍以上の金利で運用できたのです。銀行に預けておくだけでお金はどんどん殖えたでしょう。しかし、それでも約3割の老人が現在は貯蓄0で、「下流老人」だとか「老後破綻」だとか言っているわけです。現役世代の方たちが、超低金利というのに、昔と同じ方法で運用していて豊かな老後など送れるはずがありません。

お金を殖やすには、ある程度の金利がどうしても必要です。そうなると、現役世代の若いうちからやるべきことは「投資」になります。しかし、「投資」というと不安を感じる方が非常に多いです。こういった方は、「投資」と「投機」の区別がつかない方です。

## 「投機」とは

「投機」というのは、簡単に言うとギャンブル性の高いもので、短期で結果を出そうとするものです。「機会（チャンス）に投じる」から「投機」です。株式トレードやＦＸなどは投機となります。「アベノミクスで株価が上がるだろうから○○の株でも買ってみようか」とか、「給料が少ないからＦＸでもやってみようか」といったものが投機であり、私はおすすめしていません。

一時的に利益が出たとしても、それまでにどれだけお金を出しているかを計算したときに、果してどれだけの結果が出ているかは疑問です。ギャンブル性の高いもので老後資金や教育資金をつくろうとするのは危険性が高く、お年寄りが貯金で株を買ったとか、ご主人がＦＸをやっている、という話を聞くと「ええっ？　大丈夫かな？」と思ってしまいます。

株式は大きく値を下げるといつ上がるかの保障はありませんし、ＦＸはゼロサムゲーム（儲けた人の総額と損した人の総額が同じ）です。一生懸命働いて得たお金を短期で殖やそうというのは邪道で、お金に余裕のある人がやるものだと思っています。

例えば、競馬で毎日の生活費をつくろうとか、子どもの大学の学費を賄おうと思う人はいないと思いますが、ギャンブル性の高い投機とはこういったことと同じです。

## 「投資」とは

「投資」とは、中・長期的にわたって企業の成長や収益を期待して資本を投じていることをいいます。「資本を投じる」から「投資」です。私がすすめている投資方法は分散に重点を置いたものです。一社だけの株式を買うのではなく、複数の株式・複数の債券・複数の国に投資する、といった具合です。しかも時間も分散します。一時期に大きな金額を投じるのではなく、毎月少しずつ投じていきます。固定金利のものであれば一時期に投じてもかまいませんが、値動きのあるものに一時期に投じるのはリスクが高くなります。分散することでリスクを軽減させることが可能となります。

投資は短期では成功しません。どんなに短くても5年以上の投資期間とします。毎月少しずつ長い期間を使って殖やしていく、という方法です。

## 資産づくりに必要なのは金利と期間

資産をつくっていくには、ある程度の金利とできるだけ長い期間が必要になります。期間が長ければ、損失を出しても取り戻せる期間があるからです。「金利（利回り）」と「期間」が資産づくりには必要です。

当然、投資にもリスクがあります。しかし、お話したように、貯蓄にも低金利であることのリスクが伴います。リスクのない運用方法など、この世にはないと思ってください。

自分がどんなリスクを取って、どのような運用をして、どのような生活を将来送っていくのかを考えてマネープランを立ててみてください。

# 6　50代、70代が危ない！

### 30代や40代のとき

30代や40代は、お子さんにもお金がかからない時期のため、経済的にもゆとりのあるご家庭が多いです。この時期は貯めたお金をしっかりと殖やしていかなければ、その後の人生を折り返した後に非常に苦労することになります。

20年～30年前は、20代で結婚する人も多かったので、子育ても早めに完了しました。給料も右肩上がりでしたので、お子さんが大学を卒業した後はじっくりと老後資金をつくる余裕がありました。

しかし、現代は、晩婚化が進んで出産年齢も高くなっていますので、住宅ローンと教育費と老後資金づくりの時期が重なってしまい、思うように家計をコントロールできないご家庭が増えています。

### 50代のとき

この苦しい時期は、ご主人様が50代の頃にあたるケースが多いです。

お子さんが国公立でなく私立に進むことになった、遠くに進学が決まり離れて暮らすことになった等、高額の学費や仕送りなどが必要になると、それまでの蓄えを一気に減らすことになります。

老後に向けてひと財産つくらないといけない時期に貯蓄がゼロになってしまうご家庭もあります。

教育にかかるお金というのは生活に大きな負担となります。デフレになったとしても教育費が少なくなるということはありません。大学入学までに大きなお金を準備できずに教育ローンに頼ってしまい、教育ローンに住宅ローンをダブルで抱えてしまうと返済だけで老後を迎えることにあり、「老後破綻」の予備軍入りとなってしまいます。

また、50代というのは、昇給停止となる企業も多いです。昇給停止ならまだしも、予想外の給料カットや早期退職制度、リストラなど、ひどいと生活が逼迫するご家庭もあります。

50代は親の介護に入る場合もあります。介護は終わりが見えませんし、予想以上にお金がかかる場合があります。介護のために仕事が制限されたり辞めたりすることで収入が減ってしまう場合もあります。

**問題は70代に入ってから**

もし、老後資金が十分につくれないまま老後を迎えてしまうとどうなるでしょう。

貯蓄がなくても身体が健康なうちは働くことができます。定年退職時には退職金も出るでしょう。60代はなんとか乗り切れるかもしれません。

しかし、問題は70代に入ってからです。身体も自由が利かなくなってくるでしょうし、使ってくれる仕事場もなくなってきます。病院にお金もかかってくる時期です。貯蓄もほとんどなく頼りが公的年金だけとなると、完全な「老後破綻」です。

以上のことを考えると、30代、40代の余裕のあるうちにできるだけお金を殖やしておく必要があります。

奥様が働きに出ることを嫌がる旦那様もいらっしゃいますが、5万円でも10万円でも家に入れてくれれば、それを将来のために使うことができます。例えば、奥様の収入のうち毎月5万円を20年間積み立てていくと元金だけでも１２００万円になります。

投資には元本割れのリスクがありますが、20年間という長期の期間があれば、元本割れリスクはかなり軽減することができます。投資運用期間は長ければ長いほどリスクを軽減できるのです。

50歳で投資を始めても15～20年間は運用期間があります。30代や40代では20～40年もあります。この期間をうまく使えば、驚くほどの資産づくりができるはずです。

しかし、70歳になってしまってからでは投資期間が短すぎて殖やすことは無理です。元本割れのリスクも大きくなってしまいます。70代の人にＮＩＳＡの口座をつくらせるセールスマンは、本当に投資のことを理解しているのか疑問です。

もう随分と前の話になりますが、80代の男性が「銀行で国債を買ったけど、よくわからないから見てほしい」と来られたことがあります。

ところが調べてみると、「国債」ではなく「国際」の投資信託。

もうほとんど先のない（失礼！）おじいちゃんにひどいセールスをするな、と思ったものです。

さすがに今は金融商品の販売は厳しくなったので、このようなことはありませんが、本当に自分に必要なものかどうかを判断して購入してください。

また、老後をゆっくり過ごそうとしていた方を襲った問題として、次のようなケースもあります。

まず、1つめは、収入の少ない息子さんのケースです。大学を卒業しても働かなかったり仕事が長く続かなかったりする人は少なくありません。働いていても非正規雇用などで収入がそれほど多くない人も最近は多くなっています。自分自身で自分の生活の面倒を見てくれればいいのですが、金銭面で親に頼ってくる場合もあります。

2つめは、娘さんが離婚して戻ってくるケースです。お孫さんを連れて戻ってくる場合もあります。生活面の援助の他にもお孫さんの面倒を見る必要も出てきます。ズルズルいくと、お孫さんは教育費がかかってくるようになるので、老後資金などあっという間に底をつくことになります。

いずれも、老後は静かに過ごそうと思っていた親御さんにとっては、経済的にも精神的にも大きな苦痛となります。生活に余裕のあるうちはなんとか耐えられるでしょうが、状況を変えなければいくらお金があっても安心できるものではありません。

どちらもお子さんの自立がカギとなります。

日本という国での生活は、自分たち以上にお子さんの世代は厳しくなっていくことは十分予想ができることなので、お子さんへの教育も考えると親御さん自身の早めのお金の勉強が必要なのです。

# 第3章　今の常識は間違いだらけ！　資産づくりの見直しポイント

## 1　キャッシュフロー表のココで失敗！　見直しポイントは

### キャッシュフロー表とは

「キャッシュフロー表」というものがあります。

ここでのキャッシュフロー表とは、会社の決算で作成される決算書の一種ではなく、各家庭での毎年の収支を数十年分予測して貯蓄がいくら残せるか、を表すものです。保険に加入する際のサービスで提供されたり、ＦＰに相談する際に作成してもらった方も多いと思います。

図表15のような表形式のほかに、わかりやすく収支や貯蓄残高をグラフでも見せてくれます。

### キャッシュフロー表で確認

お客様は、このキャッシュフロー表を作成してもらうことで、老後まで貯蓄残高がマイナス（赤字を表します。）になることなく過ごせることを確認できると、安心を手に入れることができます。

万が一、貯蓄残高がマイナスとなっても、「保険の見直し」や「住宅ローンの見直し」、「生活費の節約」等をすることで、貯蓄残高はマイナスからプラスにすることもできるわけです。

貯蓄残高がプラスになり、老後も問題なく暮らせると数字で出た場合、お客様は満足して帰っていかれます。

【図表 15　キャッシュフロー表の例】

| | 西暦 | 2015 | 2016 | 2017 | 2018 | 2019 | 2020 | 2021 | 2022 | 2023 | 2024 |
|---|---|---|---|---|---|---|---|---|---|---|---|
| 夫　太郎 | | 40 | 41 | 42 | 43 | 44 | 45 | 46 | 47 | 48 | 49 |
| 妻　花子 | | 37 | 38 | 39 | 40 | 41 | 42 | 43 | 44 | 45 | 46 |
| 長男　一郎 | | 7 | 8 | 9 | 10 | 11 | 12 | 13 | 14 | 15 | 16 |
| 長女　洋子 | | 3 | 4 | 5 | 6 | 7 | 8 | 9 | 10 | 11 | 12 |
| 支　出 | 上昇率 | | | | | | | | | | |
| 生活費 | 2% | 240 | 245 | 250 | 255 | 260 | 265 | 270 | 276 | 281 | 287 |
| 住宅ローン | | 100 | 100 | 100 | 100 | 100 | 100 | 100 | 100 | 100 | 100 |
| 教育費 | 3% | 50 | 52 | 53 | 55 | 56 | 58 | 75 | 77 | 80 | 98 |
| 保険料 | | 60 | 60 | 60 | 60 | 60 | 60 | 60 | 60 | 60 | 60 |
| 臨時支出 | 2% | | | 209 | | | | | | | |
| 支出合計 | | 450 | 456 | 672 | 469 | 476 | 483 | 505 | 513 | 521 | 545 |
| 収　入 | | | | | | | | | | | |
| 給与所得　夫 | 1% | 480 | 485 | 490 | 495 | 499 | 504 | 510 | 515 | 520 | 525 |
| 給与所得　妻 | | 80 | 80 | 80 | 80 | 80 | 80 | 80 | 80 | 80 | 80 |
| 保険満期金 | | | | | | | | | | | |
| 退職金 | | | | | | | | | | | |
| 個人年金 | | | | | | | | | | | |
| 公的年金　夫 | | | | | | | | | | | |
| 公的年金　妻 | | | | | | | | | | | |
| 収入合計 | | 560 | 565 | 570 | 575 | 579 | 584 | 590 | 595 | 600 | 605 |
| 収　支 | | 110 | 109 | -102 | 105 | 103 | 102 | 84 | 82 | 79 | 60 |
| 貯蓄残高 | 0.5% | 503 | 614 | 515 | 623 | 729 | 835 | 923 | 1009 | 1093 | 1159 |

## キャッシュフローは毎年の振り返りが必要

しかし、お客様は安心しても、私が不安になるわけです。

「ちゃんと生活費の見直しを実行したのかなぁ」

「貯蓄は予定通り進んでいるのかなぁ」

キャッシュフロー表は、本来であれば、毎年の振り返りが必要です。

作成後、お客様には、「年に一度はご家族揃って確認してくださいね」とお伝えしますが、どれほどの方が実行しているでしょうか。

一度つくってそのまま、という方がほとんどではないかと思います。

「老後までには十分な貯蓄が残せるはずだから、うちは大丈夫」

「FPがつくったんだから問題はないだろう」

と、すっかり安心し、そのまま時間が経過してしまい、「あれ、うちは本当に大丈夫かな?」と気が付いたときには、手遅れ状態ということになってしまうことも十分に考えられます。

しかも、このキャッシュフロー表、数年前と現在とでは大きく状況が変わってきています。

それは、「デフレ脱却と増税」です。

キャッシュフロー表では、物価上昇率や昇給率、資産運用率を入力して将来の数字を予測していきますが、この率がわずか0・5％違っただけでも、将来の貯蓄残高に大きく影響を与えてしまうのです。

・物価上昇率を低く見積もってしまったために実際の生活費の支出と差が開いている。
・予想した資産運用率よりも低い率で運用している。

こうなると、予想以上に貯蓄額は減ってきます。

円安による食料品をはじめとする生活費の増大や消費増税や社会保険料のアップを、何年も前につくったキャッシュフロー表では考慮していないでしょう。

物価上昇率のアップは、将来のお子さんの教育費や仕送りの増大、老後の生活費の増大に繋がります。

## 予想しなかったことが起きてしまう時代

キャッシュフロー表は、あくまでも将来を概算で予測しているだけのものです。家庭の状況だけでなく、国や会社の状況によっても数字は左右されます。

例えば、

・子どもの国立大学進学予定が私立大学に変更になった。
・子どもが浪人した。
・夫が転職した（独立した）。
・親の介護により、妻が仕事を辞めることになった。
・退職金規程の見直しがあった。

・年金額が減ってしまった。
・親と同居することになった。
・親の介護で仕事を辞めることになった。

など、予想しなかったことが起きてしまう時代です。

もし、キャッシュフロー表をつくるのであれば、毎年見直すようにしましょう。今は無料でソフトが入手できたり、自分で作成することも可能です。

一度だけつくって、「安心して終わり」であれば、最初からつくらないほうがマシだと思っています。

なお、これから住宅を取得しようとする方は、住宅ローンという大きな負債を抱えることで家計支出が大きく変わる場合があります。住宅ローンを借りる前にしっかりした資金計画が必要になります。無理のない住宅ローンかどうかを確認するためにおすすめなのが、フラット35サイトで提供している「資金計画シミュレーション」です。住宅ローンの返済額の算出はもちろん、住宅ローン借り入れ後の将来の家計状況が自分自身で確認できますし、グラフまで作成できるので家計支出が大きな時期がひと目でわかりやすく見ることができます。

人生の三大資金は「住宅資金」「教育資金」「老後資金」です。こういった大きな支出がある時期を乗り越えていかないといけないのですが、他にも車の購入や子どもの結婚費用など貯蓄を大きく減らすイベントが出てきますので、定期的な見直しは重要です。

## 2　学資保険はやめなさい！　見直しポイントは

### 教育費は家計を苦しめる代表的な支出

定年前に家計を苦しめる代表的な支出は、住宅ローンの他に教育費があります。昔から教育資金設計は、お母さんのお腹に赤ちゃんができた時点でお金のかかる時期がわかるため、設計しやすい資金だと言われてきました。

しかし、最近は学費を稼ぐために、学業よりもアルバイトのほうが中心になってしまう学生さんや、学費が払えず泣く泣く中退してしまう学生さんも多くなっているのが現状です。

学資保険に加入してもそれだけでは足りず、奨学金などの借り入れを利用されている方も多いようです。奨学金は、特に修士課程や博士課程以外の大学昼間部の人たちが20年前までは2割程度の利用者だったのですが、バブルが弾けて以降は急増しており、２０１０年度以降は5割を超える方が利用しています。

しかし、利用者が増えていると同時に滞納者も増えており、とうとう２００8年以降は延滞３ヶ月で個人信用情報に載ることになり、その数は２０１1年には1万人を越えた、と言われています。

延滞３ヶ月以上で個人信用情報機関に延滞者として個人情報が登録されると、クレジットカードがつくれなくなったり、利用が止められたりすることがあります。

さらに、自動車ローンや住宅ローン等の各種ローンが組めなくなる場合があります。社会人になったばかりのお子さんがこのような状況に陥らないためには、奨学金といえども安易な借り入れはしないことです。

産まれてから大学入学までには18年という長い期間があるのですから、これを利用してしっかりした資金づくりを行っていく必要があります。

奨学金を背負ったことで、結婚が破談になったという若い男性の話を聞いたことがあります。奨学金は、「お子さんに借金を背負わせることだ」と認識してください。

## 教育ローンも注意が必要

教育ローンも注意が必要です。

こちらは親の借金となりますが、お子さんが大学生だとお父さんは50代の方が多いでしょう。50代で新たな借金を背負い込むなんて、70代以降に生活が困窮するのは目に見えています。

「足りなくなったら奨学金か教育ローンを利用すればいいや。」といった安易な教育資金設計は、親だけでなく、お子さんまでも貧困生活に向かわせる元凶となります。

お子さんが大学に進学するお金のかかる時期は、住宅ローンの支払いのある方もいらっしゃるでしょうし、ご主人が50歳を過ぎると昇給停止や減給になった、という話も聞きます。この時期を乗り越えるためにも、大学にはどれだけの費用がかかるのかをチェックしておく必要があります。

図表16を見ると、自宅通学の国立大学でさえ４年間で５００万円超のお金がかかることがわかります。しかし、事前に５００万円以上も準備している方は少ないと思います。

さらに、自宅通学と言っても少子化が進む日本では、将来自宅から通える大学がなくなっている可能性だってあるのです。

【図表16　大学の教育費総額】

（単位：万円）

| | 平成22～24年度 | 平成24・25年度 |
|---|---|---|
| 国立 | | |
| 自宅 | 508.4 | 538.7 |
| 下宿 | 799.2 | 839.6 |
| 私立文系 | | |
| 自宅 | 672.3 | 692.3 |
| 下宿 | 959.8 | 975.1 |
| 私立理系 | | |
| 自宅 | 799.0 | 822.2 |
| 下宿 | 1,086.4 | 1,105.0 |
| 私立医師系 | | |
| 自宅 | 2,695.2 | 2,540.4 |
| 下宿 | 3,101.9 | 2,940.4 |
| 私立短大 | | |
| 自宅 | 355.6 | 374.0 |
| 下宿 | 501.6 | 522.7 |

（公益財団法人　生命保険文化センターのＨＰより抜粋）

そうなると遠方の大学に下宿させながら通わせることになるでしょう。いわゆる「２０１８年問題」です。現在、ほぼ横ばいの18歳人口が減り、それに伴って大学進学者数も２０１８年の65万人から徐々に減少していき、２０３１年には48万人にまで減少する、という問題です。

これにより大学の数も減っていくことが想定され、自宅通学を考えていたのに下宿となると、当然予定になかったお金がかかることになります。

### 教育費の上がり方に注意

しかも、着目すべきは、教育費の上がり方です。

わずか1、2年の間に私立医師系を除いては、数十万円ずつアップしています。

教育資金を設計する場合は、教育費の上昇にも注意する必要があります。

### 学資保険は加入すべきか

お子さんの教育資金づくり、特に将来の大学にかかる費用を考えて学資保険を利用しての資金づくりを実践されている方が多いようです。

学資保険は、積立型の保険ですから、本来は元本以上に殖えるべきですが、ご存知のように続く低金利で、ほとんど殖えないか中には元本割れを起こすものも存在しています。

すでに学資保険にご加入の方は、証券を出してみて、満期金と支払うべき保険料総額を是非比較してみてください。

教育費用では、高校や大学の時期に非常にお金がかかります。インフレによる学費や下宿代のアップなどを考えると、今の世代の1・5倍は準備しておく必要があるのではないかと思っています。

そう考えると、万が一の場合の保障は付いていますが、今のような金利の低い時代の学資保険へ

【図表 17　年間 18 万円の金利別積立結果】

（単位：万円）

| 積立期間 | 1.0% | 1.5% | 3.5% | 4.5% | 5.5% |
|---|---|---|---|---|---|
| 18 年 | 353 | 369 | 441 | 483 | 531 |

【図表 18　目標額 500 万円の金利別 18 年間の毎年の積立額と積立金合計】

（単位：万円）

| 積立期間 | 1.0% | 1.5% | 3.5% | 4.5% | 5.5% |
|---|---|---|---|---|---|
| 18 年 | 25.5 | 24.4 | 20.4 | 18.6 | 17.0 |
| 積立額合計 | 459 | 439 | 367 | 335 | 305 |

の加入が本当に良いかどうかは疑問です。運用利率が低いと保険料も高くなり家計に影響してくるからです。

20年以上も前の運用利率は3・5～5・5％でしたが、今は1・0％程度でしょう。昔に比べると、今の時代はお金を貯めることにはかなりの苦労が伴います。

まず、年間18万円（毎月1万5０００円）を18年間積み立てた場合の金利別の積立結果です（図表17）。

1年複利の結果を表したものであり、保険会社ごとに経費などの掛かり方が違いますので、実際の保険商品の満期額とは違ってきます。

年間18万円（毎月1万5０００円）を18年間積み立てた場合の積立額の合計部分(元金部分)は３２４万円となります。せっかく長期間積立てるのですから、大きな結果を出したいものです。

昔は同じ積立方法で、５００万円くらいの教育資金がつくれたのに、今は、３割くらいは減ってしまっています。

同様に、18年後に５００万円をつくるための毎年の積立額と積立額の合計を見ていきましょう（図表18）。

500万円という目標で18年間積み立てるためには、年間25万円以上（毎月2万円以上）の積立てをしていく必要があります。昔に比べると家計への負担が大きくなっているのがわかります。同じ積立額で、大きな結果を出すためには、預貯金や学資保険といった貯蓄商品では時代のニーズに合わなくなってきています。お子さんが大学に入学した後に学業に専念できるように、ゆとりある資金をつくっておいてください。

貯蓄商品は、今は安全性が高くリスクを感じないかもしれませんが、将来のリスク（資金不足）となってかえってきます。これは、「低金利リスク」や「インフレリスク」といわれるものです。そのためには、貯蓄商品ではなく投資商品を利用して、将来のリスクを減らす努力が必要です。投資商品は元本割れを怖れる人が多いですが、18年という長期で運用すればかなりリスクを抑えられます。低金利リスクやインフレリスクのほうが、私は怖いと思っています。

学資保険など目的が決まっている金融商品を契約した場合、怖いのは契約した時点で「子どもの教育資金はこれで大丈夫」と、安心してしまうことです。

相談に来られる方に「お子さんの学資保険の金額を教えてください」と聞くと忘れてしまって答えられない方も意外といらっしゃるものです。

お子さんが小さい時期は、「6（シックス）ポケット」といって親御さんのご両親からも援助を得られやすいのですが、大事なのは、本当にお金の必要な時期にお金を準備してあげることです。

## 3　住宅ローンの繰上げ返済はやめなさい！　見直しポイントは

### 金利がかなり低い場合の繰上げ返済の効果

住宅ローンの返済は長期にわたるため、なるべく早く返済しようと、まじめな方は繰上げ返済に励みます。たしかに一般的に考えれば繰上げ返済は、総返済額を減らしたり、ローン期間を短縮したりする効果があります。

ですが、金利がかなり低いローンの場合、繰上げ返済の効果は随分となくなってしまうのをご存知でしょうか。

例えば、３０００万円を35年ローンで借り入れ、５年後に１００万円を繰上げ返済（期間短縮型）する場合で考えます。

> ・２％の固定金利型のローンの場合（毎月の返済額　９万９３７９円）
> 繰上げ返済による効果：短縮期間　１年６ヶ月　軽減される利息　約79万円
> ・６％の固定金利型のローンの場合（毎月の返済額　17万１０５７円）
> 繰上げ返済による効果：短縮期間　２年８ヶ月　軽減される利息　約４９９万円

## 金利が低いと繰上げ返済の効果は落ちる

金利が低いと利息部分の金額が小さくなるので、繰上げ返済の効果も落ちてしまいます。

バブルが弾ける前の金利が高いときのローンでしたら、同じ100万円の返済でも数倍の金額の効果があるのですが、現在のように金利が低いとそれほどでもありません。

昔の常識で「繰上げ返済はお得だから」と無理に繰上げ返済する必要はないのではないか？　と私は思っています。

住宅ローンは長期のローンですが、後半ほど家計のやりくりが大変になります。バブルが弾ける前でしたら、お給料も右肩上がりでしたし、お父さんが昇給停止になったりリストラにあったりということはまずありませんでした。

しかし、今の世の中は、何があるかわかりません。住宅ローンの後半は教育費も大きくなる時期ですからお金もかかります。

お子さんにお金のかからない時期に無理に繰上げ返済をすることで、大事なお金が手元からなくなってしまうことは却って怖いことです。

## 手元にお金を残しお金を生み出す

お金は手元にさえあれば、それを運用してお金を生み出すことは可能ですし、いざというときのために使うことができます。

しかし、手元からなくなってしまったらそれで終わりです。

預貯金の金利から見ると、住宅ローンの金利は１％台でも大きく感じるでしょうが、世界中さがしてもこんなに金利の低い住宅ローンはありません。私は「お宝ローンだ！」と言っています。

無理に繰上げ返済して、その後に家計が苦しくなって教育ローンなど他からの借金を増やすよりも、金利の低いローンを持ち続けるのも賢いやり方ではないかと思っています。

同様に住宅ローンよりも多い頭金を入れる人もいますが、これもどうかと思います。

日本は異常な低金利ですが、世界に目を転ずれば、金利が高かったり景気が良かったりする国はたくさんあります。

もし、住宅ローンの金利よりも高い金利でお金を運用できれば、繰上げ返済で大事なお金を手放してしまうよりも、そのお金をそのまま残し、これで新たなお金を生み出したほうが賢いと思いませんか。

バブルが弾けて以降、お金の常識は変わりました。

少子高齢化でさらにお金の常識は変わろうとしています。

住宅を取得する人の中には、老後まで支払いの続く住宅ローンを組んで、繰上げ返済で期間短縮を計ればいい、と安易に考える人もいるようですが、これは間違いです。

繰上げ返済の資金をつくれない場合も考えられますので、最初からリタイアする時期までに返済が終わるような返済期間で住宅ローンの計画を立てることが重要です。

# 4　個人年金保険はやめなさい！　見直しポイントは

## 個人年金保険とは

将来の公的年金に不安を感じている方は少なくないはずです。進む少子高齢化や国の財政状態では、現役世代のみならず年金受給者の人たちも、いつ大きな年金改正が入り、年金額が大きく減額されてもおかしくない状況です。

そこで、自分年金づくりが大事と、保険会社からすすめられるのが個人年金保険でしょう。

しかし、一口に個人年金保険と言ってもいくつかの種類があります。個人年金保険に加入している方の中には、どういったタイプの個人年金なのかわからないで加入している方がけっこういらっしゃいますので、簡単におさらいしてみましょう。

まず、個人年金保険とは、老後の生活資金の不足を補うために備える貯蓄タイプの保険をいいます。契約時に定めた年齢になると毎年年金が支払われるしくみになっています。

## 3つの個人年金保険

個人年金保険は、受け取り方により3つに分類されます。

1つめは、有期年金です。これは、被保険者の生存を条件に定められた期間のみ年金が支払われる商品です。被保険者が死亡した時点で支払いは終了してしまいます。

例えば、10年の期間で契約した保険でも、年金の受給開始から3年目で死亡してしまった場合はその時点で年金の支払いは終了となってしまうのです。３つの中では保険料は一番安いタイプになります。

２つめは、確定年金です。有期年金と同様に定められた期間に年金が支払われますが、こちらは被保険者が死亡しても受取期間中は遺族が引き続き受け取ることができる年金保険です。つまり、被保険者の生死にかかわらず保険会社から年金が支払われます。

３つめは終身年金です。年金の受取期間が定められず、被保険者が生存している限りは年金が支払われ続け、死亡した時点で支払いが終了するというタイプです。

終身年金は、有期年金や確定年金と違い長生きリスクに対応していますが、保険料が高めになるというデメリットがあります。なお、有期年金も終身年金も死亡したら年金の支払いは終了してしまいますが、保証期間付きの商品もあります。この保証期間内であれば、被保険者の生死にかかわらず年金が支払われることになります。

以上、個人年金保険に加入している人、また、これから加入しようと思っている人は、どのタイプの個人年金なのか、年金期間は何年なのかを必ずチェックしておきましょう。日本人の平均寿命は延びています。あるとき、急に年金がストップしてしまったのでは生活に大きな影響を受けてしまいます。また、確定年金などは自分が亡くなった場合、誰が引き続き年金を受給するのかも確認しておきましょう。

## 個人年金保険はインフレに対応していない

さて、個人年金保険の多くが定額個人年金保険です。定額個人年金保険とは、受け取る年金額が契約時点で決定している年金保険ということです。何歳から何歳の間に毎年いくら受け取れるかがはっきりしているのでわかりやすい保険なのですが、1つ問題点があります。それは「インフレに対応していないこと」です。

日本は2014年に日銀の金融緩和政策や円安などの物価上昇、消費増税などで家計の負担は大きくなってしまいました。今後もインフレが続いていくと、せっかく個人年金保険で準備していても資金不足になる可能性もあります。

例えば、毎年120万円（毎月10万円）が受給できる個人年金保険に加入したとします。毎月10万円が受給できるとすると今の価値ではずいぶんと楽になる気がしますが、インフレが続いた場合、この10万円はどのくらいまで価値を下げてしまうでしょうか。

図表19はインフレ率別の表になります。日本銀行は2％物価目標を掲げましたが、もし、2％ずつ物価が上昇すると、30年後には10万円というお金の価値は5万5000円程度まで下がってしまうということになります。

定額個人年金保険は、もう時代に合っていない保険といえます。

【図表19　インフレ率別10万円の価値の目減り】

（単位：円）

| 期間 | 0.5% | 1.0% | 1.5% | **2.0%** | 2.5% |
|---|---|---|---|---|---|
| 1 | 99,502 | 99,010 | 98,522 | **98,039** | 97,561 |
| 2 | 99,007 | 98,030 | 97,066 | **96,117** | 95,181 |
| 3 | 98,515 | 97,059 | 95,632 | **94,232** | 92,860 |
| 4 | 98,025 | 96,098 | 94,218 | **92,385** | 90,595 |
| 5 | 97,537 | 95,147 | 92,826 | **90,573** | 88,385 |
| 6 | 97,052 | 94,205 | 91,454 | **88,797** | 86,230 |
| 7 | 96,569 | 93,272 | 90,103 | **87,056** | 84,127 |
| 8 | 96,089 | 92,348 | 88,771 | **85,349** | 82,075 |
| 9 | 95,610 | 91,434 | 87,459 | **83,676** | 80,073 |
| 10 | 95,135 | 90,529 | 86,167 | **82,035** | 78,120 |
| 15 | 92,792 | 86,135 | 79,985 | **74,301** | 69,047 |
| 20 | 90,506 | 81,954 | 74,247 | **67,297** | 61,027 |
| 25 | 88,277 | 77,977 | 68,921 | **60,953** | 53,939 |
| 30 | 86,103 | 74,192 | 63,976 | **55,207** | 47,674 |
| 35 | 83,982 | 70,591 | 59,387 | **50,003** | 42,137 |
| 40 | 81,914 | 67,165 | 55,126 | **45,289** | 37,243 |

物価目標だけがインフレとなるとは限りません。

円安が進むことでもインフレになりますし、増税や社会保険料もアップすることでも家計の支出は増えていきます。

老後も家計の負担は大きくなっていくことが予想されますし、公的年金が減額することも予想できます。

せっかく長い期間をかけて個人年金保険料を払い続けるのですから、払った保険料以上の価値のお金を老後にも受け取りたいものです。

しかも、現在のような超低金利では、年金保険の運用も低いですから支払う保険料も高めになっています。老後の資金づくりとしては、あまりおすすめの方法ではありません。

定額個人年金の運用の中心は長期の国債となっていることで運用利率はどうしても低くなってしまいますが、これに対し、投資運用による変額個人年金というものもあります。

**変額個人年金保険とは**

変額個人年金保険は投資型年金ともよばれ、投資対象を自分で選ぶことにより契約者の自己責任で運用され、運用実績に応じて年金額が変動する商品になります。年金額は年金受け取り開始前の運用実績だけでなく、年金受け取り開始後の運用実績によっても増減されるというものです。

変額個人年金保険は、インフレに強いと言われ、運用期間中の利益に対して税金がかからないため複利効果で積立利率が増える可能性もありますが、やはりファンドになりますので、運用中の手数料には注意したいところです。また、元本保証もされていませんので、加入の際は説明をしっかり受ける必要があります。

**外貨建て個人年金保険とは**

さらに、個人年金保険には外貨建てのものがあります。円建てに比べると米ドル建てや豪ドル建ての保険は運用利率が高くなっています。

しかし、為替レートの変動による為替リスクがあったり為替手数料がかかったりするため、こちらも加入の際はしっかりと説明を受ける必要があります。

外貨建ての積立保険料で注意が必要なのは「円安」です。円安により外貨建ての保険料は上がってしまいます。

例えば、毎月の保険料が１００米ドルの保険だとすると、１ドル１００円のときは１万円の負担で良かったのですが、１ドル１３０円となった場合、保険料の支払いは１万３０００円まで増えてしまいます。率で言うと30％のアップになり、大きな負担となります。これにより泣く泣く解約や払い済みといった手段を取る人も出てきます。年金受給時の円安は大きく殖やす可能性のある商品ですが、保険料支払い中の円安はこういった為替リスクのある商品でもあります。

## 外貨の年金は通貨のリスク分散になる

将来の円安を考えると、外貨建ての商品は確かに良いので、こういった商品を希望するまとまったお金のある方には、外貨建ての固定金利型の商品の加入もおすすめです。

まず、まとまったお金で固定金利型の商品を購入し、その利子（外貨）を毎月の変動型の商品の保険料に充てていくのです。こうすることで円安による保険料のアップを抑えることができます。

国の年金は「円」です。将来、もし、円が暴落したら公的年金といえども保証はありません。

ですから、個人で加入する年金保険として「外貨」の年金を選択することは、通貨のリスク分散になります。

また、変動個人年金保険は投資型の商品です。投資型の保険商品の場合、投資時期が重要になります。支払った保険料によって株式や債券が購入されることになるため、これらの市場価格が高いときに購入するのは非常にもったいないことです。

一般的に保険料を支払う場合には、月払いよりも年払いがお得だからと、まとまって支払うケースも多いのですが、保険料の支払時期に市場価格が高いと運用結果に影響が出てしまいます。

投資時期を分散させるためにも変動個人年金保険の保険料の支払いは、年払いよりも月払いにした方が賢いといえます。この考えからすると、まとまったお金があったとしても一時払いはやめたほうがいいでしょう。

投資型の商品の場合は、分散することでリスクを抑えられます。投資時期を分散させる時間分散も重要な分散の1つなのですが、日本国内では退職金等を使って一括で保険料を払ってしまうケースが多いようです。老後は予期していなかった家のリフォームや、本人の病気、配偶者の介護など、まとまったお金が急に必要になることも多くなります。解約時期によっては元本割れするケースもあるため、一時払いの保険は避けたほうが無難です。

本来は、こういった投資型の商品は、現役世代の人が長い期間を使って月払いで運用していただきたい品なのですが、日本ではターゲットがお金を持っている高齢者が多いことには違和感を持っています。

## 5　財形貯蓄はやめなさい！　見直しポイントは

### 財形貯蓄

新入社員などこれから資産づくりを実行しようとする場合にすすめられるのが「財形貯蓄」です。財形貯蓄は正式名称を勤労者財産形成貯蓄制度といい、勤め先が金融機関（銀行や保険会社）と提携して、毎月の給料やボーナスから天引でお金を貯めていく制度です。多くの会社員や公務員の方が利用している制度です。

財形貯蓄には、「財形住宅貯蓄」「財形年金貯蓄」「一般財形貯蓄」と3種類あり、財形住宅貯蓄と財形年金貯蓄は非課税枠があるため、家の購入予定や老後の資金形成には有利である、と言われているわけです。

つまり、財形貯蓄は、①給料天引で自然に貯まる、②非課税枠があるタイプがある、ということですすめられるのです。

### 保証の対象は１０００万円とその利息

しかし、財形貯蓄といえども、定期預金と同じで日本国内の商品であることには変わりありません。ですから、超低金利での運用が続いているわけですし、万が一、提携している銀行が潰れてしまった場合はペイオフの対象となるため、1000万円とその利息」が保証の対象となるだけです（保険会社の場合は、責任準備金の90％を補償）。

なお、勤務先が倒産しても、給料から天引された財形の積立金は銀行に預けられているため、問題はありません。

このペイオフの対象ですが、金融機関ごとに1名義人1000万円、となっていますので、1つの銀行の複数の支店の口座に分けて預けていてもまとめられてしまうので注意してください（これを「名寄せ」と言います）。財形も特別扱いはされません。他の預金と一緒にまとめられます。

ですから、ある銀行で普通預金や定期預金をしていて合計が1000万円に満たなくても、財形がこの同じ銀行であった場合、財形も合計して1000万円を超えてしまうと、保証は「1000万円とその利息まで」に制限されてしまいます。

さて、このペイオフですが、「銀行が破綻しても1000万円も保証があれば大丈夫」と考えていませんか。インフレが続き、お金の価値が下がっていくほど、この「1000万円」という価値も下がっていくのです。万が一、ハイパーインフレとなってしまった場合、ひとたまりもありません。

例えば、物価が100倍となった場合、1000万円というお金の価値は、現在の価値の10万円と同じになります。ペイオフの保証も1000万円という数字の実態は10万円と同じになってしまうのです。ハイパーインフレまでならなかったとしても、長期間にわたってインフレが続けば同じことです。実質的な円の価値はどんどん下がっていきます。

「円」の価値を信じていて、日本や銀行は絶対大丈夫、という方は、現状のままの運用をされればいいでしょう。

しかし、インフレを実感している、増税が心配だ、とか、日本の将来の財政状態や経済状態に不安がある、という方は、「円」の価値の下落に備えた準備を始めたほうがいいと思います。

## 金利が低いばかりに損をしている

さて、財形貯蓄の話に戻りますが、「財形住宅貯蓄」「財形年金貯蓄」には非課税枠があるのがメリットです。

しかし、課税というものは、利子について課せられるものです。今の時代、そんなに利子が付くものでしょうか。

もし、皆さんが「財形住宅貯蓄」「財形年金貯蓄」を利用しているのであれば、是非金利をチェックしてどれほど非課税の効果があるかをご自身で確認していただきたいと思います。

財形住宅貯蓄は、住宅取得の際に頭金などの準備を目的として貯蓄されていると思いますが、頭金が多ければ多いほど住宅ローンの負担は減ります。つまり、頭金を貯めるためには貯めるスピードが求められます。そのためにはやはり金利が重要となります。

財形年金貯蓄は、老後の生活費を補うために貯蓄されていると思いますが、もし、このまま低金利で運用し続けるのであれば、せっかくの運用期間が非常にもったいないことになります。低金利の運用で殖やせるチャンスを逃しているのです。つまり、どちらも金利が低いばかりに非常に損をしていることになります。

中には、「でも、定期預金よりも利率はいいよ」「半年複利だし。変動金利型を選んでいるから将来金利が上がったらお得だよ」というご意見もあるでしょう。しかし、定期預金より果たしてどれくらい金利はいいのでしょうか。インフレに負けないだけの価値がありますか。

また、半年複利でも1年複利でも金利自体が低ければそれほど差は生じません。

例えば、年0・1％で毎月3万円ずつを10年間運用すると、元金は360万円で、10年後には、半年複利の場合は361万7151円、1年複利の場合は361万6243円となり、その差はたったの908円です。たとえ、変動金利型の商品で金利が上がるのを待っていても、借金まみれの我が国では預金金利が簡単に上がらないのは第1章で述べたとおりです。せっかく大事な給料やボーナスから積立てをするのであれば、多少リスクを取っても高い金利の運用をされたほうが将来のためです。

例えば、年3％で運用できた場合、先ほどと同じように毎月3万円の積立てでは、半年複利で416万2260円、1年複利で412万6997円となり、半年複利の効果も表れるようになりますし、0・1％の利率のときに比べて50万円以上の差が出てきます。

特に新入社員の若い方には長い運用期間の間には損をしても取り返すチャンスがありますので、是非、積立型の投資にチャレンジしていただきたいと思います。

# ６　ＮＩＳＡはやめなさい！　見直しポイントは

## ＮＩＳＡ（少額投資非課税投資）とは

ＮＩＳＡ（少額投資非課税投資）とは、平成26年1月にスタートした個人投資家のための新しい税制優遇制度です。国内に住む20歳以上の方を対象に、年間１００万円までの投資であれば、株式や投資信託の売却益や配当益を非課税にする制度です。イギリスのＩＳＡと呼ばれる制度を参考にしており、日本版ＩＳＡという意味でＮＩＳＡとなりました。

ＮＩＳＡでは毎年１００万円の非課税投資枠が設定され、株式投資信託や上場株式等の配当・譲渡益等が非課税対象となるしくみです。

ＮＩＳＡ口座の開設者は、２０１５年６月末時点で９２１万口座を超え、非常に多くの方が口座開設されましたが、このうち54・９％が60歳以上となっています。

資産をつくり、殖やすことが必要な若い年代の方ほど利用率は低く、30代では9・5％、20代ではわずか4・3％というのが実態です。また、口座をつくるだけで実際に投資を実行に移していない人も多いようです。

こういう数字を見ると、ＮＩＳＡのイメージはちょっと変わってきてしまいますね。私には、とにかくお金を持っているお年寄りに片っ端から口座をつくらせているイメージしかありません。

## 投資に向くようなわかりやすさがない

一般に資産運用の基本として、「長期投資」と「分散投資」が大切と言われています。長期投資は若い世代にとっての特権だと思っていますが、こういった若い人たちの気持ちが本当に投資に向くようなわかりやすさもＮＩＳＡにはないように思います。

ＮＩＳＡは非課税枠があることが宣伝文句ですが、まず、利益が出せないと非課税枠も意味もありません。お客様が利益を認識して、初めて非課税枠のありがたみが出ればＮＩＳＡの口座ももっと利用されるのではないかと思います。

日本人は、昔は「マル優」制度がお馴染みだったせいか、「非課税」という言葉が大好きです（現在のマル優制度や特別マル優制度は、遺族基礎年金を受給されている方や身体障害者手帳の交付を受けている方に限られています）。

年配の方は「非課税」という言葉だけで利用しなくては損してしまう気持ちになってしまうのではないでしょうか。

## ＮＩＳＡの手数料と非課税による効果の確認

ＮＩＳＡは非課税というメリットはあるでしょうが、手数料まではサービスされているわけではありません。日本人は、投資に馴染みがないため、手数料のことを深く考えずに始めてしまうと、「思ったより儲からなかった」とか「損してしまった！」ということになってしまいます。

投資信託にかかる費用ですと、まず、投資信託を購入する際、投資家は販売会社に「販売手数料」を支払います。さらに運用期間中は、信託財産から間接的に毎日かかる費用として「信託報酬」があります。

これは運用にかかる費用、運用報告書の作成費や発送料、資産の保管のための費用などをまかなうもので、販売会社・運用会社・信託銀行で配分されることになります。

さらに信託財産からは、「監査報酬」「売買委託手数料」などの費用が差し引かれますし、換金時には「信託財産留保額」がかかるファンドもあります。

なお、ＮＩＳＡの口座開設を促すために、商品のプレゼントなどの他に投資信託の販売手数料を無料にするキャンペーンを実施している金融機関が多いですが、無料となるのはあくまでも販売手数料だけで、毎日かかる信託報酬などの手数料はしっかりかかります。手数料が全て無料になるわけではないので、投資初心者は注意してください。

手数料の説明はしっかり受けるようにするのと、あとで非課税による効果がどのくらいあったのかを確認することも重要です。

## 投資が必要な現役世代の人々にＮＩＳＡは適しているのか

私は、現役世代の方々には投資はおすすめしていますが、ＮＩＳＡはそのわかりにくさから適していない、と思っています。

「口座はつくっただけ」「投資信託は契約してそのまま」

それでは、投資の本当の面白みはわかりません。

投資は投機と違って、お客様も金融機関も投資を受けた企業も、本来は全てがＷＩＮ－ＷＩＮの関係になれるものです。

これからの時代、本当に投資が必要な現役世代の人々にＮＩＳＡは適しているのか、疑問を持っています。

また、ジュニアＮＩＳＡも２０１６年からスタートすることが決まりました。ジュニアＮＩＳＡは0歳から19歳の未成年者を対象とした制度ですが、ＮＩＳＡと違うところもあります。

注意したいところは、18歳までの引き出しができないこと（引き出した場合は課税されます）や住民票に代わってマイナンバーの通知が必要であること、金融機関の変更ができないこと、実際の運用管理は本人に代わって親権者等が行うこと等です。

ジュニアＮＩＳＡが若い世代の金融教育の一端を担うことになれば結構なことでしょうが、お子さんが運用管理に直接関わるわけではないので、教育的な効果は薄いと思っています。

お子さんが大人になる頃には、お子さん自身が海外の金融事情などを知る機会も増えているでしょうから、無理に日本国内のＮＩＳＡを利用する必要もないでしょう。

２０１６年は開始の年ですから、多くの金融機関のキャンペーンも加熱するでしょうが、本当に必要なものかを見極めて決めるようにしてください。

# 7　退職金運用のココで失敗！　見直しポイントは

## 50歳を過ぎての新たな借金はいけない

退職金は使い方が非常に重要です。

せっかく多額の退職金をもらえたとしても、気が大きくなって、リフォームや車の買い替えなどに使っていくと、あっという間に減ってしまいます。

特に大規模なリフォームの場合は（新築のときもそうですが）、業者さんの提案を「うん、うん、いいなぁ…」と聞いていると、気が付けば予算オーバーになってしまい、最悪の場合はローンを組むことになります。

50歳を過ぎての新たな借金はいけません。リタイア後の借金はなおさらいけません。退職金は計画的に使いましょう。

## 退職金の運用

さて、運用のお話に戻りますが、銀行のすすめで「とりあえず退職金の金利上乗せの定期預金に預けて」「その後、そのまま投資信託へ」という流れになっていませんか。

定期預金ですが、「３ヶ月満期で年１・５％！（５００万円以上）」というような商品をよく見ますが、「お、1・5％も利子が付くのか、すごいなぁ」と思ってはいけません。

利子は1・5％も付きませんよ。1・5％というのはあくまでも年率なので、3ヶ月満期ですから1・5％の4分の1の0・375％（500万円の預け入れで税引後1万4941円）しか付きません。

また、満期になった500万円という大金が、内容をよく理解していない投資信託に流れていくのです。

### 投資信託への流れも問題

この投資信託への流れも問題です。時間分散など考慮されずに、500万円が一時に移されます。このときに市場価格が高かったらもったいない話です（「安いときに買って、高いときに売る」が原則です）。買うのは一時ではなく、少しずつ分けて買うことでリスクが抑えられます（ドル・コスト平均法：第4章参照）。

さらに、投資信託も「毎月分配型」だったら最悪です。

「年金みたいにもらえますよ」と言った甘い言葉についつい契約しちゃうのですかね。

「分配金」というのは、預貯金の利子と同じように思われがちですが、全く別物です。

分配金は、投資商品から生まれた配当や売却益等の収益になります。本来はこの収益を元金に併せて再投資に充てることで複利効果が得られるのですが、利益が出たらすぐに受け取ってしまうようでは再投資ができず、複利の効果は出せません。

複利効果を望まずに生活のための分配金受け取りだったらご自身が納得しているので問題ありませんが、殖やす目的であれば分配金を受け取らないタイプのものがいいのです。

また、投資信託の分配金は、「普通分配金」と「特別分配金」があります。

「普通分配金」は純粋にリターンの部分になりますが、「特別分配金」は個別元本からの一部取り崩しになります。つまり元金が減ってしまうわけです。

普通分配金がなかったり足りなかったりした場合は特別分配金が出るわけです。特別分配金はリターンではないので税金はかかりませんが、個別元本からの取り崩しだから当然です。

こういった商品は、殖やせない商品どころか減らしてしまう商品です。

投資商品らしからぬ商品です。注意してくださいね。

### 生命保険を使った相続税対策

生命保険を使うことで、相続財産の評価額を引き下げて相続税を節税する方法があります。

例えば、相続人が奥様とお子様お２人の場合で見てみましょう。

相続財産のうち、現金や預金で１５００万円という財産があった場合、現金や預金のままにしておくと１５００万円はそのまま相続財産として相続税の対象となってしまいます。

しかし、「生命保険の非課税金額」を利用すると、法定相続人１人あたり５００万円の非課税枠を利用することができます。

ですから、奥様と相続人が奥様とお子様2人の場合だと、法定相続人は3人となりますから、500万円×3人＝1500万円を相続財産から外すことができます。

現金や預金で持っていたお金を生命保険に移すだけですから非常に簡単な節税方法です。

そのため、定年退職して退職金を受け取ると、保険会社から相続税対策として、保険の加入をすすめられることがあります。特に2015年からは相続税が増税されたので、不安を感じて加入された方も多いのではないでしょうか。

ですが、加入の際に相続財産をきちんと把握して保険加入された方はどれくらいいるでしょう。

相続税は、2015年1月に改正されて申告件数は増えるといわれていますが、それでも全体の6％強です。多いのは不動産価値の高い都市部に住んでいる方で、1割前後の方が対象となります。

つまり、相続税を納める人はそれほど多くはないのが現実です。

改正後の基礎控除額は、3000万円＋（600万円×法定相続人の数）ですから、奥様とお子様2人の場合は、4800万円までは非課税となりますし、配偶者控除（配偶者に対する相続税額の軽減）という措置もあります。

また、将来は不動産価格も下落すると考えられますので、ほとんど利息の付かない保険に慌てて加入するよりも、資産運用で殖やしたほうがお得な場合もあります。

大きな金額を契約することになるので、慎重に検討する必要があるでしょう。

# 第4章　これが正解！　これからの資産づくり

## 1　お金の価値はこんなに変わった！　こんなに変わる！

### お金の価値の変動

皆さん、アベノミクスでお給料は上がりましたか。

「う～ん。少し上がったけど、生活は全然楽にならないんだよね・・・」

そんなふうに感じる方が多いのではないでしょうか。お給料が上がっても、生活が楽にならないようでしたら、本当は上がっていないのかもしれませんよ。

「？」と思われますか。表面的な金額は変わっていても実はお金の価値が変わっている可能性があるのです。

このお金の価値の変動を理解しないと、将来、貧困層に入ってしまう可能性だってあるのです。

お金の価値は一定ではありません。物価と同じで変動するものです。

### 大卒初任給の推移

お金の価値の変動を見るためには、大卒初任給の比較がわかりやすいと思います。

大卒（男性）初任給の推移を見ると、２０１４年には20万２９００円ですが、

１９６８年は３万６０００円

１９７５年は８万９３００円
１９８５年は14万円
１９９５年は19万４２００円
２００５年は19万６７００円

という推移です。

バブルが弾けてデフレが続いてからの上昇幅は小さいですが、お金の価値が変わっているのがわかります。デフレを脱出したと言われている昨今ですが、そうなると今後はお金の価値は大きく変わってくる可能性があります。

お金の価値に併せてお給料の数字も変わってこないといけません。もし、お給料の数字が全然変わらない、とか、お給料は上がったけど生活は楽にならない、ということでしたら、お金の価値の変動にお給料がついて行っていないのかもしれません。

皆さんが老後を迎える数十年後、大卒初任給はいくらまで上がっているでしょうか。

当然、皆さんのお給料だってインフレになるとこれからは大きく上がってくる可能性があるのです。でも、家計支出も大きく増えるわけです。

## 家計にゆとりをもたらさない

お金の価値が変わったことによるお給料の上昇では、家計にゆとりをもたらしません。将来、お給料が100万円になったとしても「なんか生活苦しいな?」と感じることになると思います。
・同じ1万円でも、30年前の1万円と今の1万円では大きく価値が違います。
・今1万円で買えるものが来年は買えないかもしれません。
・今貯金が1000万円あったとしても、老後にはその価値を大きく下げているかもしれません。
お金の価値の変化に合わせて資産を殖やせていける人は将来困らないでしょう。

お金の価値の変化に合わせて資産を増やせていけないと、資産はどんどんマイナスになります。

## 72の法則

今後、お給料明細の数字が大きくなっていったとしても、生活が豊かになった実感がなければ、それは「お金の価値が変わってきたんだ！」と思ってくださいね。

私たちが老後を迎えるとき、大卒初任給は何倍になっているかわかりませんが、当然、年金だって預貯金だって同じように殖えていないと生活できなくなります。

「100万円を2%（複利）で運用し続けた場合、200万円（つまり2倍）になるのは何年後ですか?」このところ、クイズ番組でよく出題される問題です。

大学生の回答者なんかが瞬時に答えているのですが、皆さんは何年後だと思いますか。

複利計算は難しそうですが、実は簡単に計算する方法があります。

それは「72の法則」を使った計算方法です。

計算方法は実はとっても簡単で、72という固定の数字を金利で割るだけで2倍になる年数が計算できるというものです。

つまり、先ほどの問題は、72÷２（％）＝36（年）年２％複利で2倍になるには36年かかる、ということです。

例えば、大学初任給が10年後に2倍になったとします。皆さんの預貯金も10年後に２倍には・・・なりませんね（笑）。

それでは、０・０３％の定期預金（複利型）で運用した場合、２倍になるのは何年後か計算してみましょう。

72÷０・０３％＝２４００（年）

２４００年もかけないと現在の金利では2倍にすることはできません。

**インフレになってくるとお金の価値は大きく変わる**

インフレになってくるとお金の価値は大きく変わってくる可能性が出てきます。

今後は、

・大卒初任給の金額が大幅にアップした。

・給料やボーナスが20年前の増え方に！

・国や地方の歳入が大幅増加！

なんて景気の良さそうなニュースが入ってくるかもしれません。

でも実際は景気が良くなったのではなく、お金の価値が変わっただけかもしれませんよ。

私は「高齢化大国」である日本に昔のような豊かさはもう戻ってこないと思っています。今後はお金の使い方や運用方法を間違えると、将来はとんでもないことになるような気がするのです。

## 最低でも5~6%での運用をしていかないといけない

この「72の法則」はインフレの計算にも使えます。

日銀は2%の物価目標を掲げていますが、72÷2＝36（年）

つまり、36年後には物の値段は2倍になる、ということです。（果たして、公的年金の額は今の2倍になっているでしょうか？）

ただし、物価目標が2%だからといって運用目標を年2%で設定してはいけません。円安が進むと食料品等の値段は簡単に跳ね上がります。さらに今後は消費税をはじめとする大増税、社会保険料のアップが予想されます。

退職金も年金もどれだけもらえるものか予想がつきません。

そうなると最低でも5~6%での運用をしていかないといけないのではないか、と思います。

バブルが弾ける前の定期預金の金利は6%前後でした。つまり、72÷6＝12（年）

12年も預けておけば、知らず知らずのうちに2倍になっていたのです。

１００万円が12年後は２００万円。
この２００万円がさらに12年後は４００万。
倍々ゲームです。今のお年寄りがお金持ちのはずですね。

定期預金の金利が上がってくれればいいのでしょうが、１０００兆円も借金のある国では、金利の上昇は支払う利息が大きくなるので自爆を招きます（金利が上がらないようにうまく抑えているんですよ）。よほどの財政悪化や破綻までいかないと昔のような金利上昇はないでしょう。

## 増える支出に対応するには

増える支出に対応するには、今ある資産や入ってくるお金を将来に向けて大きく育てていかないといけません。超低金利が20年以上も続く日本では5～6％の運用というと信じられないかもしれませんが、アセットアロケーション、ポートフォリオ、時間分散、手数料や税金、といったところをうまく抑えていけば不可能な数字ではありません。難しそうですが、わからないところはプロに任せてご自身はわかるところから始めればいいわけです。

日本は高度成長期が終わり、少子高齢化が進んでおり経済的にも衰退期に入っています。人間で言うと「おじいちゃん」です。そんな国の中で預貯金だけに頼った運用をしていては、数十年先まで私たちの大事なお金を守ったり殖やしたりすることは、かなり難しいことだと思いませんか。

## 2　株価下落でも不安にならない投資方法

### 株価の下落をうまく利用する方法

さて、投資のお話をすると、「そんなにうまく殖え続けるのか？」「投資だから値下がりすることもあるんじゃないの？」と言った声も聞こえてきます。

たしかに、毎月積立型で株式を購入する場合、途中でガクンと株価が下がることだってあります。そうすると、「失敗したんじゃないか？」と不安になる人がいるのも当然です。しかし、この株価の下落をうまく利用する方法があるのです。

### ドル・コスト平均法

例えば、現在1株100円の株式を毎月続けて半年間購入していく場合、次のどちらの方法が良いと思いますか。

① 毎月100株ずつ購入する。
② 毎月1万円ずつ購入する。

当然のことですが、株価は毎日変動します。

【図表20　株価変動による購入株式数と購入代金】

| | 株価(円) | 100 | 125 | 125 | 80 | 80 | 100 | 合計 | 一株当たり単価 |
|---|---|---|---|---|---|---|---|---|---|
| ① | 購入株式数 | 100株 | 100株 | 100株 | 100株 | 100株 | 100株 | 600株 | @101.66円 |
| | 購入代金 | 10,000円 | 12,500円 | 12,500円 | 8,000円 | 8,000円 | 10,000円 | 61,000円 | |
| ② | 購入株式数 | 100株 | 80株 | 80株 | 125株 | 125株 | 100株 | 610株 | @98.36円 |
| | 購入代金 | 10,000円 | 10,000円 | 10,000円 | 10,000円 | 10,000円 | 10,000円 | 60,000円 | |

①の方法は、毎月１００株を購入しますので、購入代金が変わってきます。
②の方法は、毎月１万円ずつ購入しますので、購入株式数が変わってきます。

それでは、図表20のように株価が変動した場合の、購入株式数と購入代金を見てみましょう。

ご覧いただくとわかるように、②の方法のほうが、少ない金額で多くの株式を持てることがわかります。

②の毎月定額で購入する方法は、「ドル・コスト平均法」と言われるものです。

**なぜ、毎月定額で購入するほうがいいのか**

それでは、なぜ、毎月定額で購入するほうが良いのでしょうか。

株というものは、当然、株価の低いときに購入して高いときに売却することで利益を得ますよね。

「ドル・コスト平均法」によると、株価の高い１２５円のときに購入数は80株に抑えられ、株価が下がった80円のときは１２５株と多く購入することができます。

【図表21　ドル・コスト平均法で購入した株式の株価推移の例】

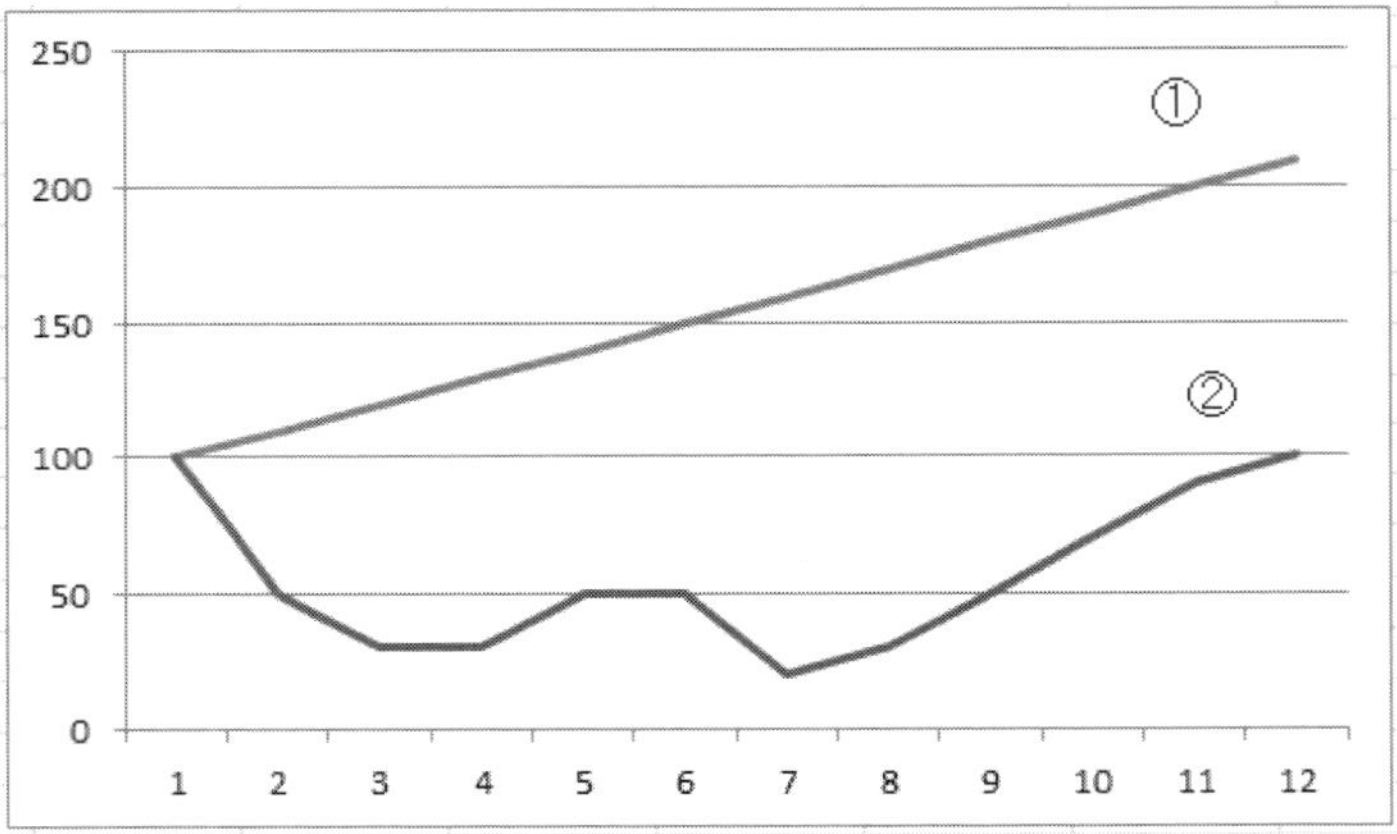


つまり、自動的に株価の低い時に多く購入し、株価の高いときには買い控える、ということをやっているのです。

これにより期間中の1株あたりの平均株価が抑えられ、少ない金額で多くの株式を持つことが可能となるのです。

**株価が右肩上がりでも結果が良いとは限らない**

ドル・コスト平均法で購入した場合、次のようなことも可能となります。

グラフ①の場合は、当初１００円だった株価が右肩上がりで上昇し続け、1年後に売却します。

グラフ②の場合は、当初１００円だった株価は下がりますが、その後上昇し、１００円に戻った1年後に売却します。

どちらも毎月1万円ずつ購入し、1年間購入を続けたあとに売却したとする場合の結果を考えてみましょ

【図表 22　ドル・コスト平均法で購入した株式数】

| | 購入月 | 1 | 2 | 3 | 4 | 5 | 6 | 7 | 8 | 9 | 10 | 11 | 12 | 合計 |
|---|---|---|---|---|---|---|---|---|---|---|---|---|---|---|
| ① | 株価 | 100 | 110 | 120 | 130 | 140 | 150 | 160 | 170 | 180 | 190 | 200 | 210 | |
| | 購入株式数 | 100 | 90 | 83 | 76 | 71 | 66 | 62 | 58 | 55 | 52 | 50 | 47 | 810 |
| ② | 株価 | 100 | 50 | 30 | 30 | 50 | 50 | 20 | 30 | 50 | 70 | 90 | 100 | |
| | 購入株式数 | 100 | 200 | 333 | 333 | 200 | 200 | 500 | 333 | 200 | 142 | 111 | 100 | 2,752 |

う。

グラフ①の場合は、株価が2倍以上になっていますが、利益も2倍と思ってはいけません。

毎月株価が上昇し続けているため、毎月の購入株数はどんどん減っていっています。

**毎月１万円でどれだけ株式を購入できたか**

毎月1万円で、どれだけの株式を購入できたかは、図表22のとおりです。

投資額はどちらも12万円となりますが、①の場合は８１０株を購入でき、②の場合は3倍以上の２７５２株を購入できました。

②の場合は、株価がずっと下がっていましたが、この時期に多くの株を買うことができました。

グラフ①の場合は、売却時は1株２１０円まで上昇しましたから、２１０円×８１０株＝17万１００円となり、売却益は、５万１００円です。

グラフ②の場合は、１株１００円での売却なので、１００円×２７５２株＝27万５２００円となり、売却益は、15万５２００円です。

つまり、②のほうが①に比べ３倍以上の利益を出すことができたことになります。

途中で株価が大きく下がってしまうととても損した気分になるでしょうが、長期的な視点で見ていくと大きく利益を出すことも可能なのです。

投資には「資産分散」が効果のあることは知られていますが、こういった購入時期を分ける「時間分散」も非常に重要です。

たとえ今はまとまったお金がなくても、毎月コツコツと長期間をかけて投資を続けることによって、多くの株式を取得することができ、最後には株価は上がっていなくても大きな利益を出すことは十分可能です。

特にこういった積立型の投資は、投資初心者におすすめです。

どんな投資商品にも価格変動があります（価格変動リスク）。日々価格が上下するなかで買いどきや売りどきを決断するのは、なかなか難しいことです。それを機械的に毎月決まった同じ額で買い付けていくことで、価格変動リスクを抑えることが可能になります。

株式の他にも投資信託や金、プラチナや外貨にもドル・コスト平均法を使った購入ができます。

退職金などまとまったお金を利用して一時期に投資をされる方もいらっしゃいますが、これは時間分散になっておらず、損する可能性も出てきます。

「時は金なり」です。現役世代の方は、せっかくある時間を有効に使って積立型の投資商品で大きく殖やしていってください。

## ３　正しい教育資金づくりとは

### とりあえず学資保険では失敗

お子さんのことを真剣に考えるのであれば、大学入学までにしっかりとした教育資金を準備してあげないといけません。「とりあえず、学資保険」では失敗します。

お子さんが生まれてから大学入学までは、18年という長い期間が与えられているのです。この期間を上手に使えば、しっかりとした教育資金づくりが可能です。

### 教育資金づくりのために必要な条件

まず、教育資金づくりのために必要な条件をあげていきます。

・私立大学、地元以外への進学、海外留学、浪人、留年…。

どんな状況になっても困らないだけの資金をつくっておく。

・教育ローンや奨学金には頼らない。

・老後の生活費のためのお金まで使わない。

日本の学資保険では、これらの条件を満たすのは難しいです。一般的な保険料だと毎月1万3000円程度、18年後の満期金300万円といったところです。

**投資商品を使って運用した場合のシミュレーション**

投資商品を使って運用した場合でシミュレーションしてみましょう。

・同様に毎月1万3000円を18年間、6%で積み立てると約480万円になります。（元金約280万円）。

・毎月2万円を18年間、6%で積み立てると約740万円になります。（元金432万円）。

・毎月3万円を18年間、6%で積み立てると約1110万円になります。（元金648万円）。

**小学生の間だけ積み立てて、その後6年間は運用**

お子さんが小学生の間だけ積み立てて、その後大学入学までの6年間は運用を続けるということも可能です。

・毎月1万3000円を12年間、6%で積み立て、中学・高校の間は6%で運用をすると、約373万円になります。（元金約187万円）。

・毎月2万円を12年間、6%で積み立て、中学・高校の間は6%で運用をすると、約573万円になります。（元金288万円）。

・毎月3万円を12年間、6%で積み立て、中学・高校の間は6%で運用をすると、約861万円になります。（元432万円）。

## 夫婦共働きは続けたほうがいい

１人目のお子さんができたときに仕事を辞めてしまう女性の方がいらっしゃいますが、もったいない話です。辞めざるを得ないケースもあるでしょうが、もし、続けられるのであれば、夫婦共働きは続けたほうがいいです。

また、旦那様の扶養に入らないといけないから、と無理にパートで収入を抑えるのもどうかと思います。奥様もできるだけ稼いでいただいて、それを投資に回して殖やしたほうが、結果的に家計にとっては大きなプラスになります。

教育資金は大きめにつくっておいて、「余ったらラッキー！」というくらいが生活に余裕が出ます。

ただし、「共働きでも貯まらない」というご家庭もあります。周りから見ると余裕がありそうに見える夫婦共働きのお子様のいない家庭でも、意外と貯まっていない、というケースもあるのです。

本人たちは自覚していないのですが、忙しいからと外食が多かったり、着るものにお金をかけたりと、チェックすると節約できるポイントが結構あったりします。

また、一番悪いケースは、財布が完全に別でお互いの収入を把握していないといった家庭です。相手がきちんと貯蓄しているだろうと思い、無駄使いになってしまうのです。

こういったご夫婦は、お子様ができても生活レベルを下げることがなかなかできないため、いつまでたっても生活に余裕ができないのです。

まず、２人で毎月の積立額を決めてしまい、残りのお金で生活する癖を付ける必要があります。

## 4　生涯に負担のかからない住宅ローンの利用法

### 住宅ローンの金利は10年物国債の金利に連動

住宅ローンを組む場合、「金利が低いから」「業者さんに勧められたから」といった理由で、簡単に変動金利型ローンを採用してしまう方が結構いらっしゃいます。

住宅ローンの金利は10年物国債の金利に連動しています。国債の金利が非常に低いので、住宅ローンの金利も低いわけです。

しかし、現在の超低金利は、日銀の年間80兆円という多額の国債買い取りで実現できているものです。都市銀行などはすでに国債にリスクを感じており、国債の保有残高を減らしてきているのが現状です。ですから、今後日銀が国債の買取額を大幅に減らしたり、買い取れなくなったりしたら、すぐにでも金利は上昇する可能性があるのです。

住宅ローンは、20年、30年といった長期で組まれる方がほとんどですが、20年先、30年先まで、日銀が今と同じような方法で金利を低く抑え続けることができるのかは非常に疑問です。

### 金利上昇に備えて

金利上昇に備えて、住宅ローンは全期間固定金利の住宅ローン（フラット35など）で組んでおくか、または借り換えするかによって、ローン期間終了まで返済額が変わらないようにしておくことが重要です。

わずか1％でもローン金利が上がると家計に負担がかかります。

３０００万円借り入れ（35年ローン、金利１％）の場合、
毎月の返済額：約８万４７００円　総返済額：約３５５７万円
↓５年後に金利２％にアップ
毎月の返済額：約９万７３００円　総返済額：約４０１２万円

変動金利型の住宅ローンを持ち続けて、金利が上昇して返済額がアップするときとお子さんの教育費がかかる時期が重なってしまったら最悪です。

一気に生活が困窮する家庭も出てくるでしょう。

また、家計が回らないからと教育ローンやカードローンを利用しようとしてもこれらのローン金利も上がってきて、借りることすらできなくなる可能性もあります。

変動金利型の住宅ローン金利は、過去には年８％を超える時期もありました。財政が大幅に悪化した場合、住宅ローンの金利がこれくらいの金利以上に急上昇することは十分考えられます。

さて、住宅ローンは長期にわたるため、負担に感じるのは事実です。貯蓄額が大きい方は、できるだけ頭金を大きく入れて住宅ローンの借入額を少なくしようとします。

また、住宅ローンを借り始めると、真面目な方は「次は、繰上げ返済だ！」と、定期預金等でコツコツと積み上げ、１００万円ができる度に繰上げ返済で借金を減らそうとします。

たしかに一般的には正しいやり方ですが、今は何があるかわからない世の中です。繰上げ返済をしてから数年後に「お父さんの収入がダウンした」「予想以上に教育費がかかる」などということが起こらないとはかぎりません。

## 繰上げ返済の危険性

家計のお金が回らなくなって、住宅ローンよりも高い金利のローンに手を出したのでは、繰上げ返済の意味がなくなってきます。

低金利で繰上げ返済の効果が減ってきていることは第３章で述べましたが、せっかく長い期間をかけてコツコツと貯めてきたお金を一瞬で手放してしまうことは、非常にもったいないことです。

これを元手に投資商品を利用すれば、将来にはお金を生み出してくれます。

金利の低い住宅ローンをうまく利用して、ローン金利よりも高い金利でお金を運用すれば、住宅ローンは怖くないのではないでしょうか。

**繰上げ返済用資金１００万円の運用をすると**

第３章で掲げた例の繰上げ返済の１００万円を運用すると次のようになります。

３０００万円を借り入れ（金利２％、35年ローン）
・５年後に１００万円を繰上げ返済（期間短縮型）した場合
　↓　総返済額：約１７９万円少なくなる。返済期間：1年６ヶ月の短縮
　（１００万円は元金返済に当てられ、利息部分の約79万円を減らすことができる）
・この１００万円を繰上げ返済に使わずに６％で運用すると…、
　↓　住宅ローンの終わる30年後には約５７４万円にまで殖やすことができる。
　（元金部分：１００万円、利息部分：約４７４万円になる）

受け取れる５００万円以上のお金は、老後の資金に回してもよいですし、住宅ローンが終わる頃には家も傷んできますからリフォーム費用とすることもできます。

**まとまったお金をうまく活かせる**

頭金も同じです。貯蓄をできるだけ頭金に回して住宅ローンの借入額を減らそうとする人がいますが、これも投資商品で運用できれば、後に住宅ローンを完済してしまうことが可能です。

例えば、３５００万円の家を建てる場合、

頭金１５００万円、２０００万円を借り入れ（金利２％、35年ローン）
↓ 毎月返済額：約６万６３００円 総返済額：約２７８０万円
頭金のうち１０００万円を投資に回すとします。
・頭金５００万円、３０００万円を借り入れ（金利２％、35年ローン）
↓ 毎月返済額：約９万９４００円 総返済額：約４１７４万円
・１０００万円を６％で15年運用した場合：15年後約２４００万円
15年後の住宅ローン残高は約１９６４万円
投資運用したお金で住宅ローンを全額完済し、さらに残った分は受け取れる。

35年の住宅ローンを、途中一括返済することにより15年で終わらせることもできます。ちょうどこの頃はお子さんが高校や大学でお金のかかる時期になるご家庭も多いと思います。住宅ローンの負担がなくなり、さらに数百万円のまとまったお金も受け取れるので、これを教育資金とすることもできます。「繰上げ返済だ！」「一括返済だ！」と、住宅ローンを払いながら貯蓄を並行して実行していくのはなかなか大変です。まとまったお金をうまく活かせることができれば、将来の暮らしを大きく変えることもできるのです。

## 5　公的年金に頼らない老後資金づくり

**お金を殖やすために必要なのは「金利」と「時間」**

将来の公的年金に不安を感じている方も多いでしょう。

しかし、「年金、減っちゃうんだろうね。どうしよう」と言っているわりには何もしない人が多いのが現状です。

「どうしよう」と言っている間に貴重な時間はどんどん経っていってしまいます。

お金を殖やすために必要なのは、「金利」と「時間」です。

本気で老後資金をしっかりつくりたい方は、早めに実行に移す必要があります。

特に自営業の方は、国民年金だけの加入という方も多いようですが、よほどの蓄えがない限り、仕事ができなくなったら「老後破綻」の道を進むことになってしまいます。

進んでしまった少子高齢化により、年金の給付水準は下がっていくことは明白です。

例えば、今よりも年金額が2～3割カットされるとしましょう。

しかし、2～3割カットを前提で老後資金づくりを計画してはいけません。老後の生活にはもっと大きなダメージが予想されます。

## 将来はさらに円安が進むことが予想される

それは「円安」です。アベノミクスで円安に誘導したため、ここ数年はかなり円安が進みましたが、将来はさらに円安が進むことが予想されます。

円安とは円の価値が下がることです。日本国内で増え続ける国の借金が賄えなくなったり、財政が大きく悪化していったりすると、円は売られて円の価値は下がり円安が進みます。

円安が進むと、食料品など輸入品の値段が上がり、生活を直撃します。しかし、円安によるインフレが起きても年金額が連動してアップするわけではありません。

老後にインフレが進むと年金額は実質5割カットくらいに感じるかもしれません。

## 外貨で老後資金を準備しておく

円安が進むと考えるのであれば、外貨で老後資金を準備しておくべきです。

貿易赤字に転じたことや人口減少も進み、以前のような円高になる確率は低いと考えられます。

公的年金は円なので、自分でつくる老後資金を外貨で準備できればリスク分散となります。

例えば、1ドル＝120円のときに10万ドルを1200万円で買っておけば、1ドル＝200円になったとしても10万ドルを2000万円で戻すことができます（為替手数料除く）。

私は消費税も20％を超えると予想していますので、これにも備えて、金利と外貨を利用して、しっかり準備していく必要があります。

## 老後不安の準備ができる金額

自営業の方は定年がありませんから、70歳まで働くとしても、40歳の方は30年の運用期間が、50歳の方は20年の運用期間が、それぞれあります。毎月10万円を６％で運用していくと、（外貨での運用がおすすめですが、わかりやすいように円で表示しています）

・30年積立ての場合…30年後には、約９４８７万円（元金３６００万円）
・20年積立ての場合…20年後には、約４４１４万円（元金２４００万円）

これだけあれば、老後不安から解消されると思います。

自営業者には国民年金基金という方法もありますが、低金利・円建てで資産をつくるのではなく、投資に回したほうが良い結果が出せます。

なお、右記の例では、70歳のときに一括で受け取れる金額で表示していますが、まとまった額を受け取ってしまうのではなく、老後も運用しながら年金のように分割で受け取ると、受取総額をさらに増やすことが可能です。

70歳時点の上記の金額を、６％で運用しながら15年分割で受け取ると、

・70歳時点、９４８７万円の場合：毎年約９７０万円を15年間受け取り。（毎月約81万円）
受取総額：約１億４６００万円
・70歳時点、４４１４万円の場合：毎年約４５０万円を15年間受け取り。（毎月約38万円）
受取総額：約６８００万円

## 重要なのは、公的年金を中心とした老後資金設計をしないこと

重要なのは、公的年金を中心とした老後資金設計をしないことです。

公的年金の額は減額される可能性が大きく私たちが老後を迎えるときにはいくらもらえるかわからない状態です。あくまでも公的年金は補助的なものと捉え、自分自身でメインとなる年金をつくってしまうことです。

自営業者の方を例に説明しましたが、サラリーマンの方も同じです。一生死ぬまで働くことになるか、老後に悠々自適の生活を送るのかは、40代や50代のお金のつくり方の選択で分かれてきます。

老後の資金計画としては、予想される老後の生活費から現在の法律や規定での公的年金額や退職金額を差し引いた残額で自ら用意すべき老後資金を計算するのが常識でした。

しかし、今後受け取れる公的年金や退職金の額は確約されたものではありません。いつ法律や制度の見直しが入るかわからない状況です。

将来の生活が国や会社に任せられないのであれば、家庭の中で計画的に資金づくりをしていくしか手段はありません。

ですが、公的年金の運用でさえ外国や国内の株式を使って運用しているのに、多くのご家庭が投資に興味を示していないのが現状です。

投資では、時間に余裕があるのが最大の強みになります。早く始めることが、将来、お金でつまずく確率を低くします。

# 6　女性こそ資産運用知識が必要

## 老後生活をイメージする

日本は長寿傾向にありますが、老後はどのように過ごすかイメージされたことはありますか。

老後生活を頭の中で想像してみてください。どんな絵が出てきましたか。

ご夫婦2人でゆったり暮らしているイメージでしょうか。

いえいえ、夫婦2人は永遠ではありません。最後はどちらかが1人残されます。1人で暮らすイメージはできますか。

２０１４年における日本の平均寿命は、男性が80・5歳、女性が86・83歳となりました。

女性のほうが長生きですよね。

確率的には、奥さんのほうが最後は1人で生活していく可能性が高いのです。お子さんが側で面倒みてくれればいいのですが、人口減少の将来は優秀なお子さんほど海外に出てしまうのではないか、と考えています。海外までいかなくても都会に出てしまうお子さんはさらに増えるでしょう。

## 多くの女性が１人で自分の生活を考える必要がある

多くの女性が１人で自分の生活を考える必要があるのです。

そのためには、老後にどのくらいのお金がかかるかを今からチェックしておく必要があります。年金や退職金が今後どれだけ減額されるかわからない時代ですが、老後にどのくらいのお金がかかるかを計算することはできます。

将来のために面倒かもしれませんが、一度計算してみてください。特にご夫婦の場合は、女性の方が長生きですから奥様が1人になった場合は、子供に頼れない時代ですので、この期間にどのくらいのお金が必要かを把握しておく必要があります。

なお、老後の生活の必要な費用を考える場合、ふつうは日常の生活費ばかりに目がいってしまいがちですが、まとまったお金がときにはかかる場合もけっこうあります。

**特に注意したい臨時費用**

特に注意したいのが次に掲げる臨時費用であり、金額が大きいためリタイア前から長期的な資金計画を立てておく必要があるでしょう。

・住宅リフォーム費用
・車の買い替え費用（夫婦2人分。老後に何回買い替えるかを考えましょう）
・子供の結婚資金援助
・老人施設入居資金
・介護費用（自分たち夫婦の将来の分だけでなく、それぞれの両親にもかかるかもしれません）

**老後の日常生活費**

老後の日常の生活費については、次のように算出します。

まず、老後期間の算出を行うため、厚生労働省が出している「平均余命」を使用していきます。

「平均余命」とは、現在の年齢からあと何年生きるかの平均年数です。

「平均寿命」と「平均寿命」は違います。

「平均寿命」とは「各年における０歳児の平均余命」を指します。

例えば、２０１４年の女性の平均寿命は86・83歳ですが、これは２０１４年に生まれた女の子が平均的に86・83歳まで生きられることを意味します。

ですから、２０１４年時に亡くなった女性の平均年齢が86・83歳ではありませんし、86歳の女性がこの1年間に亡くなってしまうだろう、という意味でもありません。

よって、老後の期間を計算する場合は、「平均寿命」ではなく「平均余命」を使っていきます。

図表23の平均余命表で、40歳女性は、平均的にあと48年、88歳まで生存することがわかります。

**老後の期間はどのくらい**

この平均余命表を使って、老後の期間がどのくらいかを計算してみましょう。

【図表 23　平均余命表】　（単位：年）

| 現在の年齢 | 男性 | 女性 |
|---|---|---|
| 35 | 46 | 52 |
| 36 | 45 | 51 |
| 37 | 44 | 50 |
| 38 | 43 | 49 |
| 39 | 43 | 49 |
| 40 | 42 | 48 |
| 41 | 41 | 47 |
| 42 | 40 | 46 |
| 43 | 39 | 45 |
| 44 | 38 | 44 |
| 45 | 37 | 43 |
| 46 | 36 | 42 |
| 47 | 35 | 41 |
| 48 | 34 | 40 |
| 49 | 33 | 39 |
| 50 | 32 | 38 |
| 51 | 31 | 37 |
| 52 | 30 | 36 |

| 現在の年齢 | 男性 | 女性 |
|---|---|---|
| 53 | 29 | 35 |
| 54 | 29 | 34 |
| 55 | 28 | 33 |
| 56 | 27 | 32 |
| 57 | 26 | 31 |
| 58 | 25 | 30 |
| 59 | 24 | 30 |
| 60 | 23 | 29 |
| 61 | 23 | 28 |
| 62 | 22 | 27 |
| 63 | 21 | 26 |
| 64 | 20 | 25 |
| 65 | 19 | 24 |
| 66 | 19 | 23 |
| 67 | 18 | 22 |
| 68 | 17 | 22 |
| 69 | 16 | 21 |
| 70 | 15 | 20 |

（厚生労働省　平成 26 年簡易生命表を見やすく加工）

【例】

現在　夫40歳、妻35歳

将来、夫婦2人の1ヶ月の老後生活費25万円を希望。

・夫の平均余命：約42年

・妻の平均余命：約52年

夫が65歳でリタイアすると、

・夫（夫婦2人）の老後期間：約17年

・妻1人の老後期間：約10年

【図表24　老後のタイムテーブル】

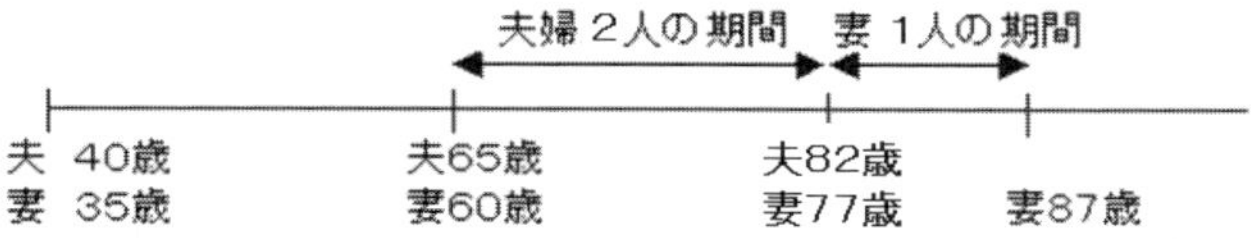


## 老後期間のタイムテーブル

図表24のようにタイムテーブルを書いてみるとわかりやすいです。

老後の期間には夫婦２人の期間と、夫婦どちらか１人になってしまう期間のふたつがあるのがわかります（ご夫婦の年齢差にもよりますが、女性のほうが長生きのため、女性が１人になる確率は高いです）。

この２つの老後の期間で、それぞれ生活費を算出してみましょう。

なお、老後の生活費がどのくらいかわからない方は、夫婦２人の期間の生活費は現在の生活費の70％、その後の１人の期間は現在の生活費の50％を目安とします。

例えば、現在の生活費が40万円の場合は、

・夫婦２人の期間の生活費・・・40万円×０・７＝28万円

・１人になる期間の生活費・・・40万円×０・５＝20万円

よって、老後の生活費の総額は、

・夫婦２人の期間の生活費

28万円／月×12ヶ月×17年＝５７１２万円

・妻１人の期間の生活費

20万円／月×12ヶ月×10年＝２４００万円

合計すると、生活費だけで８１１２万円が必要になることがわかります。

**老後の生活費総額は、リタイアの年齢、夫婦の年齢差、毎月の生活費によって大きく変わる**

以上、老後の生活費総額は、リタイアの年齢、夫婦の年齢差、毎月の生活費によって大きく変わってくるのが理解できると思います。

独立経営者であれば、サラリーマンのように定年が決まっていないため、退任の時期を自由に設定できます。

奥様のほうが若いほど、老後は奥様が１人で生活する期間が長くなるのがおわかりになると思います。

つまり、若い奥様であるほど、老後１人になっても困らない分のお金をつくっておかないといけないということになります（これは、退職金や預貯金等の他に保険金という形でも設計できます）。

毎月の生活費は各家庭によって違いますし、趣味にかけるお金だけでも大きく変わってきます。

また、老後の暮らし方でも大きな差が出てきます。

今住んでいる住居にそのまま住むのか、それとも新しい地域（田舎暮らしなど）に転居するのか、老人ホームに入るのか。

夫婦二人の時期だけでなく、１人になった場合の暮らし方も含めて早めに考えておいたほうがいいでしょう。

この老後の生活費総額に、リフォーム等の老後の臨時費用を加算したものが老後にかかるお金の総額となり、これらは公的年金や退職金、預貯金等の自己資金で賄っていくことになります。

さらに、老後まで住宅ローンが残っていたり、老後にお子さんがまだ学生さんだったりしたら老後の生活はかなり厳しくなります。

しかし、怖いのは、公的年金や退職金が減額もそうですが、やはりインフレや増税、社会保険料の増になります。これらは先になるほど負担が大きくなってきます。

**奥様のほうが投資や資金設計に対して積極的にならないといけない**

以上のことを考えると、奥様のほうが投資や資金設計に対して積極的にならないといけません。

しかし、個別相談などをしていると、

「う～ん、旦那に怒られるのよね」とか

「投資は旦那に任せているから…」とおっしゃる方がいらっしゃいます。

まるで他人事ですね。

年金や円に対しての信頼度がまだ高いのだと思いますが、手遅れにならないことを祈ります。

1人になってしまった場合、配偶者の葬儀代やお墓の購入費など大きな支出がありますし、年金額も減ってしまうわけですから、その後暮らしていくだけの資産が残っているかを確認しましょう。

## 1人になった生活をイメージする

133ページの例では、奥様が1人になった場合の1ヶ月の生活費を20万円と設定して、老後の生活費を計算しました。しかし、現在35歳の奥様が77歳になる頃には、当然お金の価値も変わっていて20万円で足りるわけがありません。

どのくらい変わってくるかというと、家計支出が毎年1％ずつ増えると想定して計算すると、77歳の時点では、毎月30・4万円が必要になります。毎年2％だと45・9万円、毎年3％で69・2万円が毎月必要な金額となります。

20万円という金額だと「公的年金や預貯金でなんとかなるだろう」と思いがちですが、30万円を超えてくると非常に大きく感じます。家計支出の数％の増加は、最初の数年は節約などで我慢できるかもしれません。

しかし、わずかな増加でも年が経っていくうちに節約だけでは耐えられないようになってきます。お子さんが面倒を見てくれればいいのですが、そう簡単にはいかないでしょう。自分の家庭の面倒をみるだけで精一杯の時代です。

これからの日本は、以前のようにデフレに戻る、とか物価が上がらない、という時代にはならないと思っています。それどころか急激なインフレの可能性があるくらいです。

誰にも頼れない時代を1人で生きていくつもりで資金計画を考えていくと、「投資は苦手」と言った甘い言葉は出てこないと思います。

# 第5章　実践！　簡単！　資産づくりの具体例

## 1　円安に負けない！　超円安時代の対処法

### 円安になっても景気が良くならない理由

２０１２年12月の第二次安倍内閣発足からのアベノミクスの始まりにより、円安が大きく進みました。

２０１２年　79・７９円（年平均レート）
２０１３年　97・９６円（年平均レート）
２０１４年　１０５・９４円（年平均レート）
２０１５年９月　１２０・２９円（月平均レート）

アベノミクスにより円安が進むことで、輸出産業も活性化して景気も良くなったはずでした。

しかし、東日本大震災の影響でＬＮＧ（液化天然ガス）の輸入量が増加したことや、円高に嫌気をさした企業が海外に進出してしまったことで、かつては10兆円を超える貿易大国だった日本も２０１１年以降貿易赤字国へ転落してしまいました。現在、赤字は減少傾向にあるものの、人口減少が進む我が国は以前のような勢いを取り戻すことは難しいでしょう。

つまり、円安になっても景気はそれほど良くなっておらず、それどころか輸入品の値上がりにより、多くの中小企業や家計に悪い影響を与えてしまう結果になりました。

円安とは、円の価値が下がることです。「円」という通貨の信頼性が上がれば円高になりますし、下がれば円安になります。

今後も貿易赤字が続き、さらに経常収支の数字まで悪くなれば、円安はさらに大きく進みます。

**老後資金の準備は、外貨を利用する**

私たちが老後を迎える頃には、さらに円安は進んでいると予測されます。

円安が進むということは、食料品をはじめとする生活必需品の値上がりを意味しますから、事前に対策を取る必要があります。円安対策としては、外貨での準備しかありません。

**通貨チェンジするには為替手数料がかかる**

しかし、実際は通貨チェンジするには為替手数料がかかります。日本国内で最寄りの銀行で外貨を購入したり売却したりする場合はその都度この為替手数料がかかるので注意しましょう。しかもこの為替手数料はけっこう高いのです。

例えば、米ドルの場合は銀行窓口ですと1ドルにつき1円という為替手数料がかかるところが多いです。例えば、１ドル１２０円のときに1万ドルを購入しようとすると、１万円の為替手数料がかかるため１２１万円を支払うことになります。

また、この1万ドルを円に戻す場合も1ドルにつき1円の為替手数料がかかります。１ドル

120円のときに1万ドルを円に戻す場合は、同じように1万円の為替手数料がかかってしまうため、119万円を受け取ることになります。

このように通貨チェンジの1ドル1円（米ドルの場合）という為替手数料は大きいものです。1ドル120円のときは0・83％の手数料コストということになります。

しかし、この為替手数料もネット銀行を使うことで大幅にコストカットができます。米ドルなら1ドル数銭〜25銭という為替手数料になっています。為替手数料は通貨や金融機関によって違ってきますので、事前に必ずチェックしておきましょう。

また、外貨建て保険などで積立てをされている方は、積立期間中や満期時の為替手数料がどうなっているかを確認するようにしましょう。

## 外貨預金はペイオフの対象外

さて、国内の銀行で外貨預金をする場合、もう1つ注意したい点があります。それは、外貨預金はペイオフの対象外、ということです。

ペイオフとは、銀行などが破たんした場合に預金者を保護するしくみのことであり、1金融機関ごと、1預金者あたり元金1000万円とその利息が保護される、というものです。

外貨預金などは、このペイオフの対象外となっているので、銀行の安全性を考えて預け入れる必要があると言えます。

日本が将来、万が一、財政破綻といったことになってしまった場合、国内の金融機関は大きなダメージを受けます。そのときに耐えられる金融機関かどうかも金融機関を選択する大きな条件になります。

それでは、国や銀行の破綻リスクから逃れ、上手に外貨を持つためにはどうすればいいか、というと、海外の格付けの良い大きな銀行に口座を開設してしまうのが、一番安全で手っ取り早い方法です。

今はネットバンキングが普及していますので、海外の銀行でも自宅で残高管理や通貨チェンジ、送金処理などが可能ですし、大手銀行やコンビニのＡＴＭからも引出しできます。

海外での銀行口座開設は、オフショアと呼ばれる特に税金の低い香港やシンガポール等が人気です。これらの地域は投資商品のリターンが日本に比べて大きいので人気があります。ただし、日本人の口座開設は厳しくなってきているので、興味のある方は早めに開設しておきましょう。

## 外貨と投資商品を上手に利用して、インフレ対策を

日本は２０１４年11月に消費税率10％の増税の先送りを発表しました。

これによりさらに円安が進みました。今までは「円は比較的安全な通貨」として買われていましたが、その理由の１つが消費税率にあります。

日本より消費税率の高い国はたくさんあるのですが、日本の低い消費税率は、海外からは「日本

はまだまだ消費税率に余裕があるよね。いざとなったら今の低い消費税率を上げればいいんだから」ということで、借金だらけの我が国でも円は比較的安全な通貨として買われていた面があります。

しかし、消費税率引き上げの先送りで「え？　消費税率10％にもできないの？　大丈夫？」という目で見られるようになったのは確かです。

以前と違い、円安が進んでも企業の海外進出が進んでしまったため、輸出力は落ちてしまいました。円安になっても景気が良くなるより物価上昇がダメージとなっている感じを受けます。

外貨と投資商品を上手に利用して、インフレ対策をしておきましょう。

例えば、1ドル120円のときに1万ドルを購入すると120万円が必要ですが、将来1ドル200円まで円安が進んだとすると、1万ドルは200万円で円に戻せることになり80万円の為替差益を得ることができます。これで、将来、さらに円安が進んで物価上昇となったとしても対応できることになります。

このように、まとまった資金を外貨に変えておくだけで、円安による物価上昇のリスクは回避できますが、増税や社会保険料のアップ、医療・介護といった支出増には、ある程度の利回りでの運用がどうしても必要になりますので、投資を検討してください。

また、現在貯蓄がない方は、外貨での積立型の投資で殖やしていきましょう。

毎月コツコツと長期間積み立てていくことで、将来の生活は違ってくるはずです。

# 2　貯蓄０でも大丈夫、大逆転の資産づくり

## 日本人の３割が貯蓄０の時代

まとまった資金があれば、それを元手に運用して、ある程度の資産をつくることもできますが、なかには全く貯蓄のない人も多いです。日本人の３割が貯蓄０の時代です。

そんな貯蓄０の人は、今からどんなにコツコツと積み立てていっても、金利の低い運用をしていては、将来、安心できる資産などつくれません。

例えば、０・０５％、０・５％、１％の運用で、どのくらいの結果が出せるかを見てみましょう。

## 25歳のサラリーマンが40年間、１年複利で毎年60万円（毎月５万円）ずつ積み立てていった場合

25歳のサラリーマンが65歳まで、40年間、１年複利で毎年60万円（毎月５万円）ずつ積み立てていった場合で考えてみましょう（図表25）。

どれくらいの利子が付くと思いますか。40年間も積み立てていくわけですから、それなりに期待されるかもしれませんね。

60万円を40年間ですから、元金は、60万円×40年＝２４００万円となります。

金利別に見ていくと、

・0・05％の場合：約2424万円
・0・5％の場合：約2650万円
・1・0％の場合：約2933万円

40年間も積立てを続けていくというのは、かなり至難の業だと思います。ですが、金利が低いと結果的にはさほど殖えていないものです。

さらに、運用率以上のインフレとなった場合は、資産価値が下がってしまい、結局は資金不足となってしまいます（インフレリスク）。

## 資産をつくるには「金利と期間」を味方にする

資産をつくるには、期間が非常に重要です。しかし、せっかく長期間で積み立てても、運用する金利が低ければ、その期間はムダとなってしまいます。

「金利と期間」を味方にすれば、ある程度の資産は今からでもつくれます。

ある程度の金利で、かつ10年以上という長い期間を使うことで、同じ積立てでも、じっくり資産を殖やしていくことで、将来の結果が違ってきます。

インフレを想定し、年金や退職金の減額の他、増税や初回保険料のアップ等の家計支出の増加を考えた場合、2〜3％の運用でも低いです。高度成長期時代の日本の金利（5〜6％）で運用していかないと、老後不安は現実のものとなってしまいます。

【図表 25　毎年 60 万円の積立結果】

（単位：万円）

| 運用期間（年） | 元金 | 3.0% | 6.0% | 9.0% |
|---|---|---|---|---|
| 1 | 60 | 60.0 | 60.0 | 60.0 |
| 2 | 120 | 121.8 | 123.6 | 125.4 |
| 3 | 180 | 185.5 | 191.0 | 196.7 |
| 4 | 240 | 251.0 | 262.5 | 274.4 |
| 5 | 300 | 318.5 | 338.2 | 359.1 |
| 6 | 360 | 388.1 | 418.5 | 451.4 |
| 7 | 420 | 459.7 | 503.6 | 552.0 |
| 8 | 480 | 533.5 | 593.8 | 661.7 |
| 9 | 540 | 609.5 | 689.5 | 781.3 |
| 10 | 600 | 687.8 | 790.8 | 911.6 |
| 15 | 900 | 1,115.9 | 1,396.6 | 1,761.7 |
| 20 | 1,200 | 1,612.2 | 2,207.1 | 3,069.6 |
| 25 | 1,500 | 2,187.6 | 3,291.9 | 5,082.1 |
| 30 | 1,800 | 2,854.5 | 4,743.5 | 8,178.5 |
| 35 | 2,100 | 3,627.7 | 6,686.1 | 12,942.6 |
| 40 | 2,400 | 4,524.1 | 9,285.7 | 20,272.9 |

5～6％の運用は長期間の低金利になれた日本人には大変難しそうですが、投資は運用をプロに任せることが可能です。

ドル・コスト平均法を使って、世界中の株式や債券に分散して投資することでリスクを抑えてある程度のリターンが得られる運用ができます。今まで投資に失敗してきた人は、自分自身でどのくらい管理ができてきたでしょうか。投資信託だと任せっきりで、どういった投資対象にどのくらいの割合でお金が使われているかさえ理解していなかったのではないでしょうか。

運用はプロに任せられますが、任せっきりではいけません。また、世界中には色々な金融商品があります。興味を持って勉強してみるのも面白いですよ。

**貯蓄0の人の資産づくりポイント**

・10年以上の長期間の積立て
・今のお年寄りが資産をつくってきたような高い金利（5～6％）
・複利（再投資）での運用

現在、貯蓄が0でも投資で積み立てていけば、今1000万円の貯蓄のある人を逆転できます。

例えば、
・Aさんは、1000万円の貯蓄＋今後毎月5万円ずつの積立てを0・05％で運用。

・Bさんは、貯蓄０。今後毎月５万円ずつの積立てを６％で運用。

21年後、Aさんの１０００万円部分は約１０１０万円、積立て部分は１２６６万円で、合計２２７６万円になります。

Bさんの積立て部分は２３９９万円で、１２３万円ほどBさんのほうが上回ります。

ある程度貯蓄のある人は、この先も蓄えが増え続けるという自信があるのか、投資を避けるケースもあります。

これから先、デフレが一生涯続けば預貯金でもいいでしょうが、円の価値が下がる怖れもあるため、早めに対策を取っておく必要があると思います。そうでなければ、せっかくつくってきた今までの蓄えを守れなくなります。

当然、投資というのは、定期預金のように決まった金利での利子を受け取れるものではありません。マイナスになる年もあれば、20％を超える収益を出す年もありますが、結果的に年５～６％を出すことを目標に運用していきます。日本という国だけを見ると人口減少の問題が大きく今後の高い成長は望めませんが、世界的には人口は増え続けており投資の成果は見込めます。

良い結果を出すためには、実際の運用は専門家が投資先を決めていくとしても、どこの国のどういった企業に投資しているのか、株式や債券の割合はどうなっているかを確認し続けるのは投資家として責任をもってやっていかないといけません。

## 3　今ある資産を大きく殖やす

### 30代や40代である程度貯蓄のできている人

相談業務をしていると、30代や40代の方で、1000万円以上の貯蓄をしているご家族によくお会いすることができます。

しかし、第2章で説明したように、50代になって以降、貯蓄が減ってしまうリスクは大きくなります。

30代や40代である程度貯蓄のできている人は、「これだけ貯蓄があるのだから、将来は困ることはないだろう」と、安易な運用をしていると、「老後破綻」どころかリタイアまでにお金が足りなくなっている危険性は十分に考えられます。

せっかく苦労して貯めたお金です。しっかり殖やして、将来のために備えてください。

親が資産づくりに失敗してしまうと、大切な子どもにお金の苦労を押し付けることになってしまいます。子どもに苦労をさせないためにも、しっかりした資産計画は重要になります。

### 1000万円の殖やし方

それでは、1000万円というお金があった場合の殖やし方を考えてみましょう。

まず、１０００万円を０・０５％、０・５％、１％という低い金利で運用した場合、どのくらい殖えるかを見てみましょう（図表26）。

【図表 26　1000 万円はどのくらい殖えるか】

（単位：万円）

| 運用期間（年） | 0.05% | 0.5% | 1.0% |
|---|---|---|---|
| 1 | 1000.5 | 1005.0 | 1010.0 |
| 2 | 1001.0 | 1010.0 | 1020.1 |
| 3 | 1001.5 | 1015.1 | 1030.3 |
| 4 | 1002.0 | 1020.2 | 1040.6 |
| 5 | 1002.5 | 1025.3 | 1051.0 |
| 6 | 1003.0 | 1030.4 | 1061.5 |
| 7 | 1003.5 | 1035.5 | 1072.1 |
| 8 | 1004.0 | 1040.7 | 1082.9 |
| 9 | 1004.5 | 1045.9 | 1093.7 |
| 10 | 1005.0 | 1051.1 | 1104.6 |
| 15 | 1007.5 | 1077.7 | 1161.0 |
| 20 | 1010.0 | 1104.9 | 1220.2 |
| 25 | 1012.6 | 1132.8 | 1282.4 |
| 30 | 1015.1 | 1161.4 | 1347.8 |
| 35 | 1017.6 | 1190.7 | 1416.6 |
| 40 | 1020.2 | 1220.8 | 1488.9 |

それほど、殖やせないのがわかりますね。

これでは、当然、インフレや増税等には勝てません。

将来、お子さんが大学に進学する場合、費用が足りずに、大事な預貯金を取り崩すことになるかもしれません。学費や仕送りにかかるお金は、インフレにより大きく変わっている可能性だってあるのです。

## 1000万円を3％以上の金利で運用した場合

1000万円という価値を減らさず、殖やしていくためには、やはりある程度の金利での運用が必要です。

まず、1000万円を3％以上の金利で運用した場合、どのくらい殖えるかを見てみましょう（図表27）。

もし、10年後にお子さんが大学に進学する場合、こういった高い金利で運用しておけば、利子だけで元本を取り崩すことなく、教育資金に回せます。

また、20年後に老後を迎えるとした場合、20年という期間を使えば、1000万円を大きな老後資金として膨らませることができることがわかります。

1000万円という金額で説明しましたが、実際には100万円以上の蓄えからでも積極的に運用することで、数倍に膨らませることは可能です。

## 【図表 27　1000 万円はどのくらい殖えるか（金利３％以上）】

（単位：万円）

| 運用期間 | 3.0% | 6.0% | 9.0% |
|---|---|---|---|
| 1 | 1030.0 | 1060.0 | 1090.0 |
| 2 | 1060.9 | 1123.6 | 1188.1 |
| 3 | 1092.7 | 1191.0 | 1295.0 |
| 4 | 1125.5 | 1262.5 | 1411.6 |
| 5 | 1159.3 | 1338.2 | 1538.6 |
| 6 | 1194.1 | 1418.5 | 1677.1 |
| 7 | 1229.9 | 1503.6 | 1828.0 |
| 8 | 1266.8 | 1593.8 | 1992.6 |
| 9 | 1304.8 | 1689.5 | 2171.9 |
| 10 | 1343.9 | 1790.8 | 2367.4 |
| 15 | 1558.0 | 2396.6 | 3642.5 |
| 20 | 1806.1 | 3207.1 | 5604.4 |
| 25 | 2093.8 | 4291.9 | 8623.1 |
| 30 | 2427.3 | 5743.5 | 13267.7 |
| 35 | 2813.9 | 7686.1 | 20414.0 |
| 40 | 3262.0 | 10285.7 | 31409.4 |

## 4　子どもが小さいうちにまとまったお金をつくる

### 投資を成功させる秘訣

投資を成功させる秘訣は、投資期間の早い段階で、できるだけお金を蓄えておくことです。

ですから、結婚してお子さんが小さいうちは生活に余裕があるため、少しでも多くの積立投資を実行し、お子さんが大きくなったら積立てを止めて運用だけで殖やしていく、という方法を取ることでも、十分老後の資金はつくれます。

例えば、
35歳で結婚、35歳から50歳までの15年間、毎月5万円ずつ6％で積立投資。

すると、15年後には、約１３９６万円になります（元金９００万円）。

50代以降は積立てを止めて、50歳～65歳までの15年間、この１３９６万円を６％で運用していきます。

すると、65歳時点で、約３３４５万円まで殖やせます。

50代以降は、昇給停止があったり、教育費がかかったり、ご家庭によっては、積立てなどできない場合があります。

しかし、若いうちから積極的に積立投資していけば、元金の９００万円を３倍以上にすることができるのです。

ですが、若いうちはなかなか老後の生活までは考えないのが現実です。50代になってから老後資金はつくればいいや、と思う人もいるでしょう。

## お子さんが大学を卒業した後に老後資金づくりをするケース

それでは、お子さんが大学を卒業した後に老後資金づくりをするケースを見てみましょう。

55歳から65歳までの10年間、毎月10万円ずつ６％で積立投資。

すると、10年後には、約１５８１万円になります（元金１２００万円）。

毎月10万円という大きな金額で積立てをしても、それほど大きくは殖やせません。

ないよりはマシですが、夫婦２人でこのくらいの金額では、ある程度の退職金か他に蓄えがないと、これからの時代は老後の生活を送るのは厳しいかもしれません。

投資をするのに期間は長ければ長いほど結果が出せます。

また、その期間の初めに大きい積立てができれば、さらに結果が出せます。

わかりやすいように、比較してみましょう。

投資期間を半分に分けて、前半と後半で積立金額を変えるやり方です。

・30年のうち、前半15年は毎月10万円、後半15年は毎月5万円を6％で積立投資。
30年後の投資結果の金額は、約8090万円。（元金2700万円）
・30年のうち、前半15年は毎月5万円、後半15年は毎月10万円を6％で積立投資。
30年後の投資結果の金額は、約6140万円。（元金2700万円）
どちらも元金は同じ2700万円で、投資期間も同じ30年です。
しかし、終わってみれば2000万円近く違いが出てしまうのがわかります。投資期間の初めの方に積立金額の大きいほうが良い結果が出せます。
お子さんが小さいうちにある程度の資産をつくってしまいましょう。結果が見えてくると投資も楽しくなりますよ。

**リタイアまでに3000万円をつくりたい場合**

目標金額を設定して、毎年の積立額を算出することもできます。

最近メディアでは、よく老後資金として3000万円が必要だ、と報じられています。

それでは、リタイアまでに3000万円をつくりたい場合、どのくらいの金利や期間が必要なのかをチェックしましょう。

次の図表28は、3000万円をつくるための金利別積立額の表です。

例えば、30年かけて3000万円つくる場合、1％の運用でも毎年約86万円（毎月約

７万２０００円）の積立てが必要ですが、６％だと毎年約38万円（毎月約３万１６００円）ですむことがわかります。

【図表 28　金利別　毎年の必要積立額（金額 3000 万円）】

（単位：万円）

| 積立期間（年） | 0.5% | 1.0% | 3.0% | 6.0% | 9.0% |
|---|---|---|---|---|---|
| 1 | 3000.0 | 3000.0 | 3000.0 | 3000.0 | 3000.0 |
| 2 | 1496.3 | 1492.5 | 1477.8 | 1456.3 | 1435.4 |
| 3 | 995.0 | 990.1 | 970.6 | 942.3 | 915.2 |
| 4 | 744.4 | 738.8 | 717.1 | 685.8 | 656.0 |
| 5 | 594.0 | 588.1 | 565.1 | 532.2 | 501.3 |
| 6 | 493.8 | 487.6 | 463.8 | 430.1 | 398.8 |
| 7 | 422.2 | 415.9 | 391.5 | 357.4 | 326.1 |
| 8 | 368.5 | 362.1 | 337.4 | 303.1 | 272.0 |
| 9 | 326.7 | 320.2 | 295.3 | 261.1 | 230.4 |
| 10 | 293.3 | 286.7 | 261.7 | 227.6 | 197.5 |
| 15 | 193.1 | 186.4 | 161.3 | 128.9 | 102.2 |
| 20 | 143.0 | 136.2 | 111.6 | 81.6 | 58.6 |
| 25 | 113.0 | 106.2 | 82.3 | 54.7 | 35.4 |
| 30 | 92.9 | 86.2 | 63.1 | 37.9 | 22.0 |
| 35 | 78.6 | 72.0 | 49.6 | 26.9 | 13.9 |
| 40 | 67.9 | 61.4 | 39.8 | 19.4 | 8.9 |

それなりの金利がなければ、3000万円をつくるのは大変だということがおわかりになると思います。

### 5000万円を30年でつくる場合

それでは、次に6％運用で、目標を達成するためには毎年どのくらい積み立てが必要かを見てみましょう（図表29）。

例えば、5000万円を30年でつくるためには、毎年63・2万円（毎月約5万3000円）を積み立てていけばいいのがわかります。

6％の金利とある程度の期間があれば、それほど無理なくお金がつくれるのがおわかりになると思います。

お子さんが小さいうちから積み立てをスタートすれば、毎月の積立額も少なくてすみます。

ご夫婦で将来のための資金計画について、一度お話してみてください。

なお、老後資金に3000万円が必要と思っても、インフレ等を考えると今後はさらに必要な老後資金は膨らんでいきます。

もし、毎年2％ずつ家計支出が増えていくとすると、この3000万円という金額は、10年後には約3660万円、20年後には約4460万円、30年後には約5430万円というように膨らんでいってしまうのです、インフレにあった目標設定が必要になります。

## 【図表 29　目標金額別　毎年の必要積立額（６％運用）】

（単位：万円）

| 積立期間（年） | 1,000 | 3,000 | 5,000 | 8,000 | 10,000 |
|---|---|---|---|---|---|
| 1 | 1000.0 | 3000.0 | 5000.0 | 8000.0 | 10000.0 |
| 2 | 485.4 | 1456.3 | 2427.2 | 3883.5 | 4854.4 |
| 3 | 314.1 | 942.3 | 1570.5 | 2512.9 | 3141.1 |
| 4 | 228.6 | 685.8 | 1143.0 | 1828.7 | 2285.9 |
| 5 | 177.4 | 532.2 | 887.0 | 1419.2 | 1774.0 |
| 6 | 143.4 | 430.1 | 716.8 | 1146.9 | 1433.6 |
| 7 | 119.1 | 357.4 | 595.7 | 953.1 | 1191.4 |
| 8 | 101.0 | 303.1 | 505.2 | 808.3 | 1010.4 |
| 9 | 87.0 | 261.1 | 435.1 | 696.2 | 870.2 |
| 10 | 75.9 | 227.6 | 379.3 | 606.9 | 758.7 |
| 15 | 43.0 | 128.9 | 214.8 | 343.7 | 429.6 |
| 20 | 27.2 | 81.6 | 135.9 | 217.5 | 271.8 |
| 25 | 18.2 | 54.7 | 91.1 | 145.8 | 182.3 |
| 30 | 12.6 | 37.9 | 63.2 | 101.2 | 126.5 |
| 35 | 9.0 | 26.9 | 44.9 | 71.8 | 89.7 |
| 40 | 6.5 | 19.4 | 32.3 | 51.7 | 64.6 |

## 5　奥さまの収入で、教育資金づくり・住宅ローン一括返済

### 6％で運用した場合の毎年の積立額

奥様が働くことを嫌がるご主人様がいらっしゃるようですが、奥様にもできるだけ資産づくりには協力してもらいましょう。

毎月少しずつでも結構です。積立額が増えれば、将来、お子さんの教育費に頭を悩ませることがなくなったり、住宅ローンを一括返済したりすることも夢ではありません。

図表30は、6％で運用した場合の毎年の積立額別の結果表です。

例えば、毎年60万円（毎月5万円）ずつ30年間積み立てた場合、約4743万円の結果が出せます。

図表30を使って、次のようなシミュレーションもできます。

お子さんが小学校入学と同時に、住宅を取得し住宅ローン（5000万円借り入れ、金利2％、35年返済）を組むとします。奥様が家計を助けるためにパートに出ることで、毎年36万円（毎月3万円）の積立てができるとしましょう。

10年後、投資結果は約474万円となりますが、これをお子さんの大学進学の資金とすることができます。

【図表 30　毎年の積立額別の運用結果（６％運用）】

（単位：万円）

| 運用期間（年） | 36 | 60 | 96 | 120 | 180 |
|---|---|---|---|---|---|
| 1 | 36.0 | 60.0 | 96.0 | 120.0 | 180.0 |
| 2 | 74.2 | 123.6 | 197.8 | 247.2 | 370.8 |
| 3 | 114.6 | 191.0 | 305.6 | 382.0 | 573.0 |
| 4 | 157.5 | 262.5 | 420.0 | 525.0 | 787.4 |
| 5 | 202.9 | 338.2 | 541.2 | 676.5 | 1014.7 |
| 6 | 251.1 | 418.5 | 669.6 | 837.0 | 1255.6 |
| 7 | 302.2 | 503.6 | 805.8 | 1007.3 | 1510.9 |
| 8 | 356.3 | 593.8 | 950.2 | 1187.7 | 1781.5 |
| 9 | 413.7 | 689.5 | 1103.2 | 1379.0 | 2068.4 |
| 10 | 474.5 | 790.8 | 1265.4 | 1581.7 | 2372.5 |
| 15 | 837.9 | 1396.6 | 2234.5 | 2793.1 | 4189.7 |
| 20 | 1324.3 | 2207.1 | 3531.4 | 4414.3 | 6621.4 |
| 25 | 1975.1 | 3291.9 | 5267.0 | 6583.7 | 9875.6 |
| 30 | 2846.1 | 4743.5 | 7589.6 | 9487.0 | 14230.5 |
| 35 | 4011.7 | 6686.1 | 10697.7 | 13372.2 | 20058.3 |
| 40 | 5571.4 | 9285.7 | 14857.1 | 18571.4 | 27857.2 |

また、その後も20年間の積立投資をやはり毎年36万円（毎月３万円）で行い、働き続けるとします。積立てが終わる時期には住宅ローンは残り5年でローン残高は約９４５万円です。20年間の投資結果は１３２４万円なので、もし、この時期にご主人様がリタイアするのであれば、住宅ローンの一括返済をしてしまいましょう。残りは老後資金に回すことができます。

いかがでしょうか。

パート代の中からわずか毎月３万円でも積立投資で殖やしていけば、「学資保険だけでは足りないから」と教育ローンや奨学金といった負債を負わなくてもよくなりますし、住宅ローンを老後まで引きずらなくてすむことになります。（大きなお釣りも出ますね）

教育ローンや住宅ローンを老後まで引きずることは「老後破綻」を招くおそれが高くなりますから、可能であれば奥様にはできるだけ働いていただきたいと思います。

**毎年36万円（毎月３万円）ずつを積立てて運用した場合**

しかし、低金利で運用していては、このような資金計画は立てられません。

図表31は、毎年36万円（毎月3万円）ずつを積み立てて運用した場合の金利別の結果表です。

例えば、毎年36万円（毎月３万円）ずつ30年間積み立てた場合、１%では約１２５２万円の結果ですし、６%になると約２８４６万円となります。

なお、元金はどちらも36万円×30年＝１０８０万円です。

## 【図表 31　毎年 36 万円積立ての金利別運用結果】

（単位：万円）

| 運用期間（年） | 0.5% | 1.0% | 3.0% | 6.0% | 9.0% |
|---|---|---|---|---|---|
| 1 | 36.0 | 36.0 | 36.0 | 36.0 | 36.0 |
| 2 | 72.2 | 72.4 | 73.1 | 74.2 | 75.2 |
| 3 | 108.5 | 109.1 | 111.3 | 114.6 | 118.0 |
| 4 | 145.1 | 146.2 | 150.6 | 157.5 | 164.6 |
| 5 | 181.8 | 183.6 | 191.1 | 202.9 | 215.4 |
| 6 | 218.7 | 221.5 | 232.9 | 251.1 | 270.8 |
| 7 | 255.8 | 259.7 | 275.8 | 302.2 | 331.2 |
| 8 | 293.1 | 298.3 | 320.1 | 356.3 | 397.0 |
| 9 | 330.6 | 337.3 | 365.7 | 413.7 | 468.8 |
| 10 | 368.2 | 376.6 | 412.7 | 474.5 | 546.9 |
| 15 | 559.3 | 579.5 | 669.6 | 837.9 | 1057.0 |
| 20 | 755.2 | 792.7 | 967.3 | 1324.3 | 1841.8 |
| 25 | 956.1 | 1016.8 | 1312.5 | 1975.1 | 3049.2 |
| 30 | 1162.1 | 1252.3 | 1712.7 | 2846.1 | 4907.1 |
| 35 | 1373.2 | 1499.8 | 2176.6 | 4011.7 | 7765.6 |
| 40 | 1589.7 | 1759.9 | 2714.4 | 5571.4 | 12163.8 |

もし、奥様がパートでも長く働くつもりであれば、貯蓄商品ではなく投資商品で運用されることをおすすめします。わずかな積立額でも大きな効果が出せるからです。

せっかくお勤めに出るのですから、大きな効果が出せるほうがいいですよね。そして大きな効果が出せれば、「こんなに一生懸命働いているのに、お金が足りない」といった苦労から開放されます。

以上、奥様の例でご紹介しましたが、これらの表は、派遣社員などの非正規雇用の方（男女問わず）にも使えると思います。収入が少なく将来が不安な方は、特に大きく殖やす必要があります。

是非、早めに投資をスタートしてください。

これからの日本は、親にも子どもにも頼れない時代になってきます。今はお金を持っているお年寄りがまだ多いですが、これからは自分の生活だけで手一杯の親世代が増えてきます。お金がなくなったからといって、親や子どもに頼れなくなります。

特に女性は、人生の最後は1人で過ごす確率が高いので、そのときにお金がないと悲惨です。お子さんがいらっしゃるとなかなか仕事を探すのも大変でしょうが、将来のことを考えると、身体が動くうちにできるだけ収入を得ておく必要があるのです。

自分自身の生活は自分自身で守っていかないといけません。ですが、外貨を持ったり積立投資を続けたりすることで、資産づくりは意外と簡単にできるものです。

将来の不安はストレスとなって毎日の生活を暗くしてしまいます。ですが、実際の数字を見ながら資産が殖えていくことを実感できれば気持ちも変わってきます。

## 6　長生きリスクに備える資産活用術

### 老後資金を有効に使う

毎年、平均寿命が延びる中、老後の負担も大きくなっていきます。

リタイアまでにできるだけ老後資金をつくっておくとともに、リタイアしたらその資金を有効に使っていかないといけません。

すでに「公的年金だけでは足りない」という声が聞こえている現在、私たちが老後を迎える頃にはかなりの金額が足りないのではないか、と思います。

例えば、65歳で２０００万円の老後資金が準備できたとします。

毎月10万円（年間１２０万円）ずつ取り崩していくとすると、

２０００万円÷１２０万円＝16・６６６…

82歳になる前に資金は底をついてしまいます。

健康な方でも80歳を過ぎてから入院するケースが増えることもありますし、80代から本格的に介護や医療にお金がかかってきます。

しかし、バブルが弾ける前の金利では、同じような使い方をしても資金は底をつくことはありません。定期預金の利子だけで賄えてしまいます。

2000万円×6%=120万円

90歳になっても100歳になっても元金の2000万円はそのまま残して、毎年120万円の利子がつくれます。

現在のような超低金利では、預貯金に預けておいても2000万円×0・03%=6000円程度です。

## 利子だけで食べていけるような生活がこれからは必要ではないか

100歳以上の人口が6万人にせまる現代、このように利子だけで食べていけるような生活がこれからは必要ではないか、と思っています。

若い頃から金融商品の勉強をして、高い利子や配当を受ける経験を身につけておけば、このような生活はそれほど難しくはありません。

70歳くらいになって、「お金がなくなってきたから」と、慌てて投資を始めようとしても失敗するか、騙されるかのどちらかです。

お子さんやお孫さんにお金を残してあげたい、とか、土地があるので相続税を払わなければ、となれば、なおさら元金を残すような努力が必要なのではないでしょうか。

ただし、次の世代にお金を残す必要がない、相続税等の心配がない、といった方々は、つくった資金を使い切ることができます。

## つくった老後資金をどのように使い切ることができるか

つくった老後資金をどのように使い切ることができるかを見ていきましょう。

図表32は、手持ちの２０００万円を複利運用しながら年金のように取り崩して受け取った場合、毎年どのくらい受け取れるかを金利別に表したものです。

例えば、65歳から90歳までの25年間を考えた場合、０・０５％だと毎年約80万円（毎月約６万７０００円）で受取総額は約２０１２万円ですが、６％になると毎年約１５６万円（毎月約13万円）で受取総額は３９００万円以上になります。

## 老後資金の金額別に毎年受け取れる金額

次に、老後資金の金額別に毎年受け取れる金額を見ていきましょう。

図表33は、資金別に６％で複利運用しながら年金のように取り崩して受け取った場合、毎年どのくらい受け取れるかを表したものです。

例えば、若い頃から投資を続け、５０００万円の老後資金をつくった人だと、６％で運用しながら30年間に受け取れる金額は、毎年約３６３万円（毎月約30万円）で、受け取り総額は1億円以上となります。

【図表 32　2000 万円を運用し、毎年いくら受け取れるか】

（単位：万円）

| 受取期間 | 0.05% | 0.5% | 1.0% | 3.0% | 6.0% |
|---|---|---|---|---|---|
| 1 | 2001.0 | 2010.0 | 2020.0 | 2060.0 | 2120.0 |
| 2 | 1000.8 | 1007.5 | 1015.0 | 1045.2 | 1090.9 |
| 3 | 667.3 | 673.3 | 680.0 | 707.1 | 748.2 |
| 4 | 500.6 | 506.3 | 512.6 | 538.1 | 577.2 |
| 5 | 400.6 | 406.0 | 412.1 | 436.7 | 474.8 |
| 6 | 333.9 | 339.2 | 345.1 | 369.2 | 406.7 |
| 7 | 286.3 | 291.5 | 297.3 | 321.0 | 358.3 |
| 8 | 250.6 | 255.7 | 261.4 | 284.9 | 322.1 |
| 9 | 222.8 | 227.8 | 233.5 | 256.9 | 294.0 |
| 10 | 200.6 | 205.5 | 211.2 | 234.5 | 271.7 |
| 15 | 133.9 | 138.7 | 144.2 | 167.5 | 205.9 |
| 20 | 100.5 | 105.3 | 110.8 | 134.4 | 174.4 |
| 25 | 80.5 | 85.3 | 90.8 | 114.9 | 156.5 |
| 30 | 67.2 | 72.0 | 77.5 | 102.0 | 145.3 |
| 35 | 57.7 | 62.4 | 68.0 | 93.1 | 137.9 |
| 40 | 50.5 | 55.3 | 60.9 | 86.5 | 132.9 |

## 【図表33　６%で運用しながら、毎年いくら受け取れるか】

（単位：万円）

| 受取期間 | 1,000 | 3,000 | 5,000 | 8,000 | 10,000 |
|---|---|---|---|---|---|
| 1 | 1060.0 | 3180.0 | 5300.0 | 8480.0 | 10600.0 |
| 2 | 545.4 | 1636.3 | 2727.2 | 4363.5 | 5454.4 |
| 3 | 374.1 | 1122.3 | 1870.5 | 2992.9 | 3741.1 |
| 4 | 288.6 | 865.8 | 1443.0 | 2308.7 | 2885.9 |
| 5 | 237.4 | 712.2 | 1187.0 | 1899.2 | 2374.0 |
| 6 | 203.4 | 610.1 | 1016.8 | 1626.9 | 2033.6 |
| 7 | 179.1 | 537.4 | 895.7 | 1433.1 | 1791.4 |
| 8 | 161.0 | 483.1 | 805.2 | 1288.3 | 1610.4 |
| 9 | 147.0 | 441.1 | 735.1 | 1176.2 | 1470.2 |
| 10 | 135.9 | 407.6 | 679.3 | 1086.9 | 1358.7 |
| 15 | 103.0 | 308.9 | 514.8 | 823.7 | 1029.6 |
| 20 | 87.2 | 261.6 | 435.9 | 697.5 | 871.8 |
| 25 | 78.2 | 234.7 | 391.1 | 625.8 | 782.3 |
| 30 | 72.6 | 217.9 | 363.2 | 581.2 | 726.5 |
| 35 | 69.0 | 206.9 | 344.9 | 551.8 | 689.7 |
| 40 | 66.5 | 199.4 | 332.3 | 531.7 | 664.6 |

若いときからしっかりとした資金づくりを行い、老後も経験した運用知識で殖やしながら取り崩していけば、「老後破綻」は怖くなくなります。

## 毎年の受取額から準備すべき金額を求める

次に、毎年の受取額から見てみましょう。

「公的年金は少ないだろうから、毎月20万円（年間２４０万円）くらいは上乗せしたいなぁ」という場合、金利別に前もってどのくらいの資金を準備しておけばいいかを調べます。

図表34は、毎年２４０万円を複利運用しながら、年金のように取り崩して受け取った場合、リタイア時にどのくらい準備しておけばよいかを金利別に表したものです。

例えば、65歳から90歳までの25年間を考えた場合、１％だと５２８５万円の準備が必要ですが、６％になると３０６８万円ですむことになります。

受取総額はどちらも２４０万円×25年＝６０００万円です。

投資経験のある人とない人では、準備するお金も大きく変わってきますね。

投資経験のない人でリタイアまでに６０００万円の資金をつくっておくことは、かなり難しいでしょう。

生命保険文化センター「生活保障に関する調査」（平成25年度）によると、老後生活に不安を感じている人は86％という結果です。不安解消のために早めに資金計画を立てましょう。

## 【図表 34　毎年 240 万円を受け取るにはいくらの準備が必要か】

（単位：万円）

| 受取期間 | 1.0% | 3.0% | 6.0% | 9.0% |
|---|---|---|---|---|
| 1 | 237.6 | 233.0 | 226.4 | 220.2 |
| 2 | 472.9 | 459.2 | 440.0 | 422.2 |
| 3 | 705.8 | 678.9 | 641.5 | 607.5 |
| 4 | 936.5 | 892.1 | 831.6 | 777.5 |
| 5 | 1164.8 | 1099.1 | 1011.0 | 933.5 |
| 6 | 1390.9 | 1300.1 | 1180.2 | 1076.6 |
| 7 | 1614.8 | 1495.3 | 1339.8 | 1207.9 |
| 8 | 1836.4 | 1684.7 | 1490.4 | 1328.4 |
| 9 | 2055.8 | 1868.7 | 1632.4 | 1438.9 |
| 10 | 2273.1 | 2047.2 | 1766.4 | 1540.2 |
| 15 | 3327.6 | 2865.1 | 2330.9 | 1934.6 |
| 20 | 4330.9 | 3570.6 | 2752.8 | 2190.9 |
| 25 | 5285.6 | 4179.2 | 3068.0 | 2357.4 |
| 30 | 6193.8 | 4704.1 | 3303.6 | 2465.7 |
| 35 | 7058.1 | 5156.9 | 3479.6 | 2536.0 |
| 40 | 7880.3 | 5547.5 | 3611.1 | 2581.8 |

## 6％で複利運用しながら毎年取り崩す金額別に、リタイア時に準備すべき金額

国民年金だけの自営業の方や退職金の準備のない経営者の方は、もっと自己資金に頼らないといけませんね。

図表35は、6％で複利運用しながら毎年取り崩す金額別に、リタイア時に準備すべき金額を表したものです。

例えば、自営業者の方が、毎月30万円（年間360万円）を70歳から90歳までの20年間受け取りたいとした場合は、70歳までに約4129万円の準備が必要なのがわかります。

以上、いくつか表を掲げてみましたが、こういった表は老後資金づくりのためだけではなく、住宅取得の頭金づくりや教育資金づくりにも使えます。

いろいろとシミュレーションしてみて、自分にはどのくらいの金利や期間が必要なのかをわかっていただき、運用方法を選択する際のヒントにしていただければ、と思います。

今の高齢者の方は、若いうちは預貯金の金利が高かったので放っておいてもお金を殖やすことができましたが、バブルが弾けてしまってからは長引く低金利のために、高齢者になってから投資を始めた人が多いです。ですが、高齢者になってからのスタートでは投資期間も短く、投資にも慣れていないので失敗するケースが多いのです。

高齢者になってからの投資スタートはリスクが高いです。若いうちから投資に慣れていれば、お金を殖やす知識があるので、高齢者になってからも殖やし続けられるのです。

## 【図表 35　６％で運用して毎年受け取るには事前にいくら必要か】

（単位：万円）

| 受取期間 | 60 | 120 | 240 | 360 | 600 |
|---|---|---|---|---|---|
| 1 | 56.6 | 113.2 | 226.4 | 339.6 | 566.0 |
| 2 | 110.0 | 220.0 | 440.0 | 660.0 | 1100.0 |
| 3 | 160.4 | 320.8 | 641.5 | 962.3 | 1603.8 |
| 4 | 207.9 | 415.8 | 831.6 | 1247.4 | 2079.1 |
| 5 | 252.7 | 505.5 | 1011.0 | 1516.5 | 2527.4 |
| 6 | 295.0 | 590.1 | 1180.2 | 1770.2 | 2950.4 |
| 7 | 334.9 | 669.9 | 1339.8 | 2009.7 | 3349.4 |
| 8 | 372.6 | 745.2 | 1490.4 | 2235.5 | 3725.9 |
| 9 | 408.1 | 816.2 | 1632.4 | 2448.6 | 4081.0 |
| 10 | 441.6 | 883.2 | 1766.4 | 2649.6 | 4416.1 |
| 15 | 582.7 | 1165.5 | 2330.9 | 3496.4 | 5827.3 |
| 20 | 688.2 | 1376.4 | 2752.8 | 4129.2 | 6882.0 |
| 25 | 767.0 | 1534.0 | 3068.0 | 4602.0 | 7670.0 |
| 30 | 825.9 | 1651.8 | 3303.6 | 4955.3 | 8258.9 |
| 35 | 869.9 | 1739.8 | 3479.6 | 5219.4 | 8698.9 |
| 40 | 902.8 | 1805.6 | 3611.1 | 5416.7 | 9027.8 |

## 7　運用結果を確認してみよう！

### 初心者でも簡単に計算できる

お金を運用する場合、必ず結果を確認するようにしましょう。これは投資に限らず預貯金や保険の満期金を受け取る場合でも同じです。

一見難しそうですが、次のような「年平均利回り」を求める計算式であれば、初心者の方でも簡単に計算ができると思います。

「年平均利回り」とは、得られた利益の元本に対する割合を1年あたりの平均値に直したものです。支払った金額と受け取った金額を使って計算することができます（図表36）。

### 必ず自分自身で運用結果を計算する

保険会社や証券会社からは、商品説明のときに利率の話をされる場合があります。

しかし、その利率をそのまま鵜呑みにしてはいけません。

支払った金額が全てそのまま運用に回るわけではありません。運用のための手数料や会社の経費に一部使われることを理解しましょう。

また、学資保険や養老保険などは保障部分が大きいと元本割れしたり、リターンが小さかったり

### 【図表 36　年平均利回りの計算例】

年平均利回り＝{（受取金額ー元本）÷ 元本} ÷ 運用年数 ×100

例１）100 万円を預入れ、５年後に 120 万円を受け取った。
{（120 万円ー 100 万円）÷100 万円 }÷５年 ×100＝４％
※１年あたり４％で運用できたことがわかります。

もう少し、身近な例で見てみましょう。

例２）子どもの学資保険に加入し、保険料総額 270 万円を預入れ、18 年後に 300 万円を受け取った。
{（300 万円ー 270 万円）÷270 万円 }÷18 年 ×100＝0.617％

例３）退職金 2,000 万円を定期預金に預入れ、５年後に 2,003 万円を受け取った。
{（2,003 万円ー 2,000 万円）÷2,000 万円 }÷５年 ×100＝0.03％

する場合があります。本当に必要な保障なのかを検討しましょう。

大事なのは、必ず自分自身で運用結果を計算してみることです。

なお、税金も差し引いて、純粋に受け取った金額で計算するようにしてください。

計算に慣れてくると、自分で利回りの目標値が設定できたり、次の契約時には大体の利回りがわかるようになったりするので、簡単に印鑑は押さなくなると思います。

契約中の貯蓄型の保険や定期預金等で一度計算してみてください。

できれば時間を見つけて、資産運用の一覧表をつくっておくのもいいでしょう。

## 8　ライフステージ別運用方法

### 投資の世界での「リスク」の意味

若い人は長い投資期間を設定できるためリスクを取った運用ができます。ここでいうリスクとは「危険性（デンジャー）」とは違います。投資の世界におけるリスクとは、不確実性を意味しており、損失と利益の両方の可能性を表しています。

つまり、損益の結果の振れ幅が小さければ「ローリスク・ローリターン」、振れ幅が大きいと「ハイリスク・ハイリターン」になります。ローリスクでハイリターンの商品が欲しいところですが、リスクとリターンは表裏の関係なので、このような商品はまず存在しません。

### 若い人は是非ハイリスク・ハイリターンからスタートを

若い人は、ハイリスク・ハイリターンに挑戦していきましょう。具体的にいうと、株式比率の大きいファンドを利用した積極的な運用を選択してください。万が一、運用途中でマイナスとなったとしても、その後にも取り返すチャンスが十分にあるからです。若いうちには積極的な運用をして、40代、50代と進むにつれて、リスクを抑えた安定的な商品に変えていくのです。

なお、投資の際は、投資先の確認や株式や債券の運用比率を理解しておきましょう。多くの方がこの確認を怠ってしまっています。投資は自己責任ですから、必ず確認しましょう。

また、運用の内訳は同じではありません。景気や経済の動向によって変動するものですから、定期的にチェックする癖を付けてしまいましょう。

## 投資はＷＩＮ－ＷＩＮの関係でなければならない

投資は時間が大きな味方になってくれます。若い方ほど投資の期間が長く取れるので成功する確率が高いのですが、日本の金融機関はお金を持っている高齢者からまとまったお金を受け取ろうとするようです。まとまったお金を一括で受け取ったほうが簡単に収益を上げられるからです。ですが、貯蓄から投資に運用の流れを変えようとするのであれば、高齢者ではなく、お金を持っていなくても若い人をターゲットにすべきです。若い人が毎月少しずつでもコツコツと投資を実行していくことで、将来まとまったお金を受け取れるようになれば、日本という国も変わってくるはずです。

投資は、本来ＷＩＮ－ＷＩＮの関係でなければいけません。投資家も投資を受ける企業も金融機関もすべてが利益を上げることができるはずです。一部の人が短期で儲けようとしてはいけません。

短期でしか運用できない高齢者は、投資で成功できる確率が低くなるため、親世代の失敗談を聞いた若い人たちはどうしても投資に尻込みしてしまい、投資を始めてもローリスク・ローリターンの商品を選んでしまうことになり、結果的に失敗してしまうのです。

年齢が若いほど「勝ち組」になれる可能性は高いのですから、恐れずに挑戦してみてください。

## 著者略歴


**川淵ゆかり（かわぶち　ゆかり）**

川淵ゆかり事務所代表　http://yukarik-fp.jimdo.com/
福井県坂井市出身


国家公務員として国立大学事務官に就職後、コンピュータに興味を持ち情報処理技術者試験２種と１種に合格したため、東京に本社のあるソフト開発会社にSEとして転職し、大企業の物流システムや会計システム、銀行システムの設計・開発を行う。

その後、母親の高齢化や自分の将来を考え、日本FP協会AFP試験に合格して1999年地元にて独立開業。

独立後は十年以上の介護生活を送りながら、ファイナンシャル・プランナーとしてマネーセミナーの講師や相談業務の他、学生や社会人にFP・簿記・情報処理の指導を行う。

◇取得資格：
- ・厚生労働省　１級ファイナンシャル・プランニング技能士
- ・日本FP協会　CFP®
- ・日本商工会議所　簿記１級
- ・情報処理技術者試験　２種、１種、アプリケーションエンジニア、データベース

◇ YouTube サイト

「３分でわかるマネー講座」

https://www.youtube.com/user/YUKARIK001/videos


**あなたの常識間違いだらけ！　資産づくり見直しポイント**

2015年11月18日　初版発行　　2015年12月16日　第２刷発行

著　者　川淵ゆかり　©Yukari　Kawabuchi

発行人　森　　忠順

発行所　株式会社 セルバ出版
〒113-0034
東京都文京区湯島１丁目12番６号 高関ビル５B
☎ 03（5812）1178　　FAX 03（5812）1188
http://www.seluba.co.jp/

発　売　株式会社 創英社／三省堂書店
〒101-0051
東京都千代田区神田神保町１丁目１番地
☎ 03（3291）2295　　FAX 03（3292）7687

印刷・製本　モリモト印刷株式会社





Printed in JAPAN
ISBN978-4-86367-235-2